JN232168

MBA
問題解決
100
の
基本

グロービス＝著

嶋田毅＝執筆

東洋経済新報社

はじめに

　ビジネスは問題解決の連続です。ここでいう問題とは、「クレーム」や「製造ラインの停止」「職場の人間関係」といったものから、「ここまでできるはずなのに未達」「こうありたいのに実現していない」という理想像とのギャップも含みます。

「売上げを伸ばす」「プロセスを改善する」「放置されていた非合理な点を取り除く」などの問題解決ができれば、会社に利益をもたらします。のみならず、それはさらに大きな問題・課題に挑戦し解決する機会を生み出すでしょう。

　人間は機会によって育ちます。問題解決の能力を高めれば、「問題解決」→「信頼が高まり、応援者が増える」→「より大きな問題解決」→「さらに信頼が高まり……」という好循環に乗ることができるでしょう。

　能力には「アート」や「センス」としか言いにくい部分もあります。しかし、**ビジネスパーソンが直面する問題解決は、8割以上が「技術」で説明ができる**ものです。

『MBA 100の基本』『MBA 生産性をあげる100の基本』に続く本書では、問題解決の技術について、ベストプラクティスと目される企業や経営者の知見、コンサルタントや経営学者らの本質を捉えたフレーズを紹介します。皆様の悩みや課題に応じて、さまざまなインスピレーションを得てもらうための手引き書、ヒント集としてもお使いいただけると思います。

また、本書で紹介する問題解決の「100の基本」は、ビジネスの問題解決のみならず、家庭やプライベートでも使える、非常に汎用性の高いものです。みなさんの生活をさまざまな側面から豊かにしてくれるでしょう。

　本書が、どんな問題にも立ち向かう頼もしい力としての「問題解決力」を高めるヒントになれば幸いです。

グロービス経営大学院教授

嶋田 毅

本書の構成

本書は 11 の Chapter を設け、100 の基本を紹介します。

図01 本書の全体像

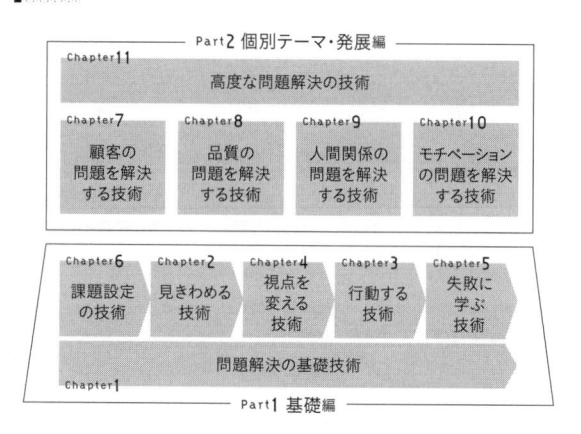

前半の Chapter6 までが基礎編です。ここで「見きわめる」「視点を変える」といった問題解決の基本的な技術について紹介します。後半は個別テーマ・発展編です。Chapter7 から Chapter10 では「顧客」「品質」といったテーマ別に問題解決のヒントを提供します。最後の Chapter11 では、MBA で教えている中でも比較的高度な問題解決の技法や新潮流についてご紹介します（図1参照）。

なお基礎編は、Chapter2 から Chapter6 まで、必ずしも問題解決のプロセスの順番にはなっていません。読者の方にとって読みやすいテーマ、取っつきやすいテーマから配置しました。**プロセスを行ったり来たりしますのでご注意ください。**

Contents

Part1

基礎編

Chapter1

問題解決の
基礎技術

情報収集、分析、フレームワーク

Basic

Chapter2

見きわめる技術

マインドセット、本質

Basic

行動する技術

スピード、リーダーシップ、チーム

Basic

Chapter6 ● 課題設定の技術

あるべき姿、ビジョン

Basic

個別テーマ・発展編

Chapter7

顧客の問題を解決する技術

マーケティング、ブランディング、価値

Chapter10

モチベーションの問題を解決する技術

動機付け、アサインメント、学び

Basic

基礎編

あるべき姿と現状とのギャップを把握し、

それを克服するために、情報を集め、分析し、行動に移す。

これはあらゆる問題解決に共通するプロセスである。

本編では、

各プロセスで有用な基礎技術について紹介する。

問題解決の基礎技術

情報収集、分析、フレームワーク

問題解決の
基盤を固める

　問題解決は闇雲に行えばいいというものではありません。ある程度のセオリーがあります。本 Chapter ではその中でも基本中の基本となる考え方をご紹介します。

　まず Basic001 と Basic002 では、問題解決の基本的な構成スキルと標準的な流れ（プロセス）を解説します。特にプロセスについては、それを意識するだけでも問題解決の効率が上がることがありますので、ぜひ覚えておきたいポイントです。

　Basic003 から Basic009 までは、問題解決のための思考法の基本——情報収集や分析の基本姿勢、リテラシー——などについて触れます。これらはクリティカル・シンキングやビジネス定量分析などのクラスでも、しばしば強調される問題解決の基礎スキルです。

　特に分析は、問題の発見のみならず、問題の核心の在り処や問題が生じている理由を探ったり、効果的な打ち手を考案するときにも役に立つ、問題解決のベースのスキルです。これが身についていないところでどれだけ問題を解決しようとしても、実態が把握できていないわけですから、場合によっては的外れな解決策を導き出してしまうかもしれません。他

者を説得することもできません。その意味でも、しっかり理解しておきたいポイントです。

　本 Chapter では、こうしたことを常に意識し、実践できるようになるためのヒントを提供していきます。

Basic

001　スキルは積み重ね

能力として考えると
とてつもなく見えることも、
技術として学び、
実用すると、身につく

解説

「はじめに」でも触れましたが、ビジネスパーソンが直面する問題解決は8割以上が技術で説明できるものです。冒頭のフレーズは、問題解決や論理思考の名著を数多く執筆されている 後 正武氏によるものです。

　一足飛びにすべてをマスターしようとするのではなく、要素技術を見きわめ、それをしっかり積み上げていくことの重要性をまずは理解しましょう。

　本書のテーマでもある問題解決の技術は、概ね以下のようにブレークダウンできるでしょう。

①問題の萌芽に気がつく
②正しくあるべき姿、課題を設定する
③どこが改善感度の高い部分かを見きわめる

④なぜ、その問題が生じているのかを突き止める

⑤有効な解決策を考える

⑥それを実行する

⑦結果を検証し、ナレッジに落とし込む

　これらは個別に磨くことが可能なスキルです。

　さらに個別の技術は、よりブレークダウンした技術に細分化することができます。たとえば「実行する」であれば、

・スケジュール、役割分担を作る

・コミュニケーション、フォローアップを行う

・KPI（Key Performance Indicators：重要業績評価指標）を設定し、PDCA を回す

・人々にエネルギーを与え、鼓舞する

　等々です。

　このように要素技術をブレークダウンすることで、自分はどこが弱いか、どこで人の力を借りるかなどの判断がしやすくなります。

　人が為すあらゆる活動は、そのためのスキル、さらにはサブスキルに必ずブレークダウンできるのです。

キーワード
要素技術、細分化

Basic

002 コンサル的問題解決の
定番プロセス

What-Where-
Why-How

解説

　問題解決のプロセスにはいくつかの「流派」がありますが、その中でも最も基本的かつ定番のプロセスは、図2のようなものです。

①何が問題かを考える（What）
②どこが大きな問題箇所か／改善感度が高いかを見出す
　（Where）
③問題が生じている理由を突き止める（Why）
④それを踏まえた上でどのようなソリューションが必要かを
　考える（How）

　このプロセスは、Basic001で触れた問題解決の要素技術の2つ目から6つ目に概ね対応しています（実際には、

図02 問題解決の典型的なプロセス

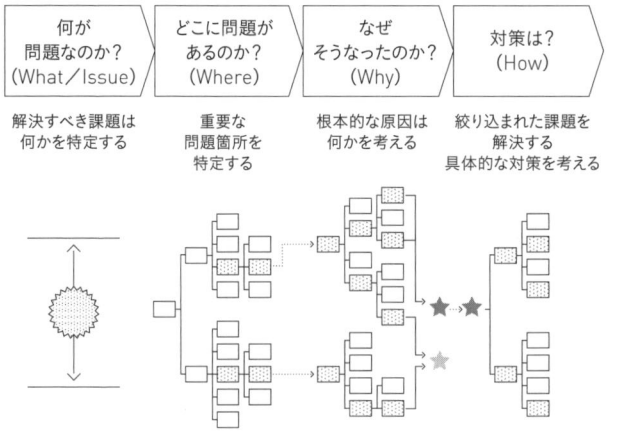

何が 問題なのか? (What/Issue)	どこに問題が あるのか? (Where)	なぜ そうなったのか? (Why)	対策は? (How)
解決すべき課題は 何かを特定する	重要な 問題箇所を 特定する	根本的な原因は 何かを考える	絞り込まれた課題を 解決する 具体的な対策を考える

出所:グロービス経営大学院『グロービスMBAクリティカル・シンキング　コミュニケーション編』
ダイヤモンド社、2011年、に筆者加筆修正

Why の後にさらに What を再定義するなど、行きつ戻りつ
することも多いのですが、ここでは単純化しています)。

　このプロセスはいくつかのコンサルティングファームなど
でも用いられており、グロービスの**クリティカル・シンキン
グ**のクラスなどでも提唱している方法です(グロービスでは、
What とあわせ Issue〔課題、主たる論点〕も図中に示して
いますが、本質的に大差はありません)。

　なお、図中に出てくる枝分けの図を**ロジックツリー**と言い
ます。これはあるテーマをモレなくダブりなく(このことを
MECE と言います)どんどん要素分解していく考え方で、問
題解決を効率化する上で大きなパワーを発揮します。

　以下に、このプロセスに沿って問題を解決する流れを例示

しましょう。ここではわかりやすくするために、かなり単純化した例をご紹介します。

> **事例：売上げ減少に対処する**
>
> 　ある企業で最近売上げが減少していることがわかった。それを食い止めることを今回の目的とする（What／Issue）。
>
> 　どこで売上げが下がっているかをいろいろな切り口で分解したところ、特に東京地区における売上げが下がっており、他は微増もしくは前年並みということがわかった（Where）。
>
> 　ではなぜ東京地区の売上げが下がっているのか。これもいろいろな切り口で分析したところ、営業担当者当たりの売上げが他地区に比べて低いものになっていた。その理由をさらに深掘りした結果、商品力や競争環境の変化が原因ではなく、新任の東京営業所長の数字へのこだわりが他支店よりも低いこと、それまでの稼ぎ頭の営業担当者2人が引き抜かれたことが大きく、後任の若手営業担当者では埋めきれていないことが最も大きな原因とわかった（Why）。
>
> 　対策は、費用対効果や即効性、実現可能性、感情面への配慮といった評価基準やその重みづけなどを勘案し、以下の2つの施策を実施することになった（How）。
>
> ・社長から東京営業所長に対して、もっと達成意欲を強く持つように指導してもらう（もう1年結果が出ないようなら降格もありうることも示唆）
> ・中途採用で2〜3名、即戦力となる営業担当者を採用する
>
> 　実際にこの施策は奏功し、東京地区の売上げは上がり、全社売上げも望ましいレベルに回復した。

問題解決の基礎

見きわめる

行動する

視点を変える

失敗に学ぶ

課題設定

　実際には「たぶんこうだろう」「おそらくこれが最もインパクトがあるはずだ」などの仮説を持ちつつ、それを検証しながらプロセスを前に進めるのですが（これを仮説思考と言います）、ここでは中途の仮説は割愛しています。

　また実際には、最初の問題設定が容易ではなく、そこで関係者の見解の相違が起こることも少なくありません（この点については Chapter6 で改めて後述します）。

　そして、ある意味で機械的なこのプロセスを単純に踏襲するだけでは解決できない複雑な問題もあります。因果関係が複雑に絡み合っていたり、人間の感情がもつれたりしているようなケースです。

　とはいえ、多くのビジネス上の問題は、このプロセスをしっかり踏めば解決することが多いので、まずは基本として意識してください。

キーワード
クリティカル・シンキング、ロジックツリー、MECE、仮説思考、評価基準、重みづけ

Basic

003　表層の裏側を洞察せよ

重要なのは、
背景で起きている変化を
感じ取ること

解説

　世の中の大きな変化であるマクロ環境はもちろんのこと、
ちょっとした変化の兆しの背後にあるものを洞察できると、
問題解決の効率は上がります。上記の言葉は、日本電産の創
業者、永守重信氏の言葉です。

　たとえば、営業担当者が取引先の担当者から「最近、辞め
る若手が増えているんですよ」「最近、経理が細かい金額ま
でチェックするんです」といった話を聞いたらどのように感
じるでしょうか。「相手の会社は経営がうまくいっていない
のではないか」「大きな経営方針の転換を迫られるような状
況にあるのかもしれない」という仮説が導けそうです。

　世の中全体のトレンドならそれほど気にする必要はありま
せんが、「辞める若手が増えている」などは、この会社だけ
の出来事だとしたら、アンテナを立てるべきです。

　違和感があったら、その背後でどのような事柄が起きているのかを考えてみましょう。「過去はこれで大丈夫だったから気にする必要はないだろう」は危険です。

　また、たった１つの小さな違和感だけで軽挙妄動に走るのは問題ですが、些細な違和感が２つ、３つ以上あったら、その背後で好ましくない事態が起きている可能性は高まります。

　たとえば、「新入社員Ａ君の遅刻が増えた」だけで何かを言いきるのは難しいですが、「パフォーマンスが微妙に低下している」「ごく稀に、以前にはなかったようなトラブルを起こす」という事象が重なれば、問題がある可能性は高いでしょう。であれば、（可能な範囲で）プライベートな問題はないか、仕事にやりがいを感じられているのかをランチの機会などに聞いて、その仮説を確かめることは有効です。１つの事象からの **So What?**（だから何？）では弱い（遠い）場合でも、複数のものが重なれば蓋然性は上がります。

　また、１人の人間の違和感では根拠として弱いものも、複数の人間が「何か変だ」と感じていれば、何かが起きていると考えることもできます。

「ちょっとした違和感にこそヒントあり」を実践し、何が実態として起きているかをしっかり見定めることが重要です。そのためにも他者とのコミュニケーションの頻度、密度を上げ、問題意識について議論できる場を持ちたいものです。

キーワード
複眼的思考、So What?、蓋然性

Basic

004 現場を重視する

事件は
現場で起きている

解説

『踊る大捜査線』という人気ドラマでも有名になったこの言葉ですが、企業にとって、問題の多くは通常、現場（例：工場の現場、店舗の現場など）で起きるものです。そして現場で働いているのは普通は若手です。管理職がいる場合もありますが、通常は課長以下の比較的若い管理職が多いでしょう。

したがって、ピラミッド型の組織の場合、現場の若手からのボトムアップの情報（顧客の生の声など）がよどみなく上に流れて来るような仕組みがあること、そして**現場重視の姿勢**が、**問題解決をする上で大切**になります。

しかし、多くの組織は会議室で問題を解決しようとしてしまいがちです。会議室で議論することが絶対悪というわけではないのですが、現場の情報が十分に入ってこない中で議論をしても問題解決は効果的に進みません。

Chapter
1

問題解決の基礎

見きわめる

行動する

視点を変える

失敗に学ぶ

課題設定

　これを避ける知恵として、IT の活用があります。

　昨今ではメールのみならず、チャットツール（Slack など）も発達してきました。そこに顧客や現場の従業員の声が流れるようにすれば、現場の声が非常に目に入りやすくなります。

　忙しい人間がすべての生データを見るのは難しくても、アクセスできる状態にあることは大切です。また、企業によっては、重大な情報をピックアップする役割の人間を配することもあります。ここに IoT（モノのインターネット）などで集まってきた情報が追加されると、さらに現場に対する感度が上がります。

　つけ加えると、現場を重視しつつも、現場の「犯人探し」を主目的にしないことも大切です。その点、トヨタ流問題解決の「**現地現物**」などは、現場主義が徹底していることに加え、「犯人探し」をしないという点でも非常に参考になります（Basic045 参照）。

キーワード
現場重視、ボトムアップ、IoT、現地現物

005 問題発見は
視覚を活用する

真の見える化とは
「目に飛び込んでくる化」だ

解説

　何か問題が起きているとき、その発見の助けとなるのが物事の**「見える化」**です。

　見える化によって発見される問題には、さまざまなものがあります。ビジネスにおける典型的なものとしては、生産ラインでの不具合や顧客の不満、その他ビジネスの品質上のトラブル、あるいはそれに伴う財務数字（売上高や利益など）の悪化があります。

　しばしば企業が陥ってしまうのは、売上高や利益といった財務数字（店舗当たりの数字などを含む）だけを見て、ようやく数カ月あるいは数週間前に起こった問題に気づくというパターンです。

　特定の店舗の売上高や利益の低下は、実際にサービス品質

Chapter
1

問題解決の基礎

見きわめる

行動する

視点を変える

失敗に学ぶ

課題設定

レベルや顧客満足度の低下が始まったからといって、すぐに起こるわけではありません。サービス品質の劣化は、市場に認知されるまでに時間がかかったりすることから、数字に反映されるにはタイムラグが発生するのです。

このようなやり方では、適切なアクションがスピーディにとれません。初動でつぶしておけば大きな問題にならなかったものが、非常に広い範囲の火消しに追われてしまうということになってしまいます。

これを避けるために必要なのが、現場レベルで早期に「**好ましくないことの予兆**」に気づくことです。

そのためには、先行指標となる数字や情報を異常が起ればすぐにわかるようにすべく「目に飛び込んでくる」ようにするのが効果的です。

社員に公開してもいい **KPI** はタイムリーに共有するとともに、顧客の生の声なども共有すると良いでしょう。たとえば Basic004 でも紹介したように顧客の声をチャットツールに流し共有するなどです。

日本では伝統的に製造業の製造現場では **JIT 方式**（必要なものを必要なときに必要な量だけ生産するシステム）などを導入することと並行して、比較的早くこの「目に飛び込んでくる化」を実施してきました。トラブルがあると赤信号がともり、そこでラインを止めるなどは非常にわかりやすい「目に飛び込んでくる化」であり、製造業であれば多くの企業で導入されています。

しかし、それ以外の部分、特にマネジメントに関する部分

図03 目に飛び込んでくる化

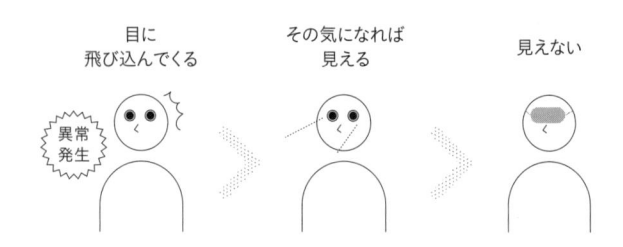

目に
飛び込んでくる

異常
発生

その気になれば
見える

見えない

はまだまだという組織が少なくありません。数字と視覚を徹底的に活用して、問題を見つけやすくすることが大切です。

視覚の活用について言えば、グラフにして見せるのはやはり効果的です。重要なKPIなどは、時系列の変化を折れ線グラフや棒グラフにして誰もが見えるようにするだけで、「これは順調」「何かが変だな？」といったことが共有されやすくなります。

また、上から押し付けるのではなく、現場が考え、問題を「自分ゴト」と捉え、どんな見える化が必要かを考えると、効果はさらに増します。これは現場に蓄積されている暗黙知（経験や勘に基づく知識）を形式知（言語や図示で説明できる知識）に変える効果をもたらします。

冒頭の言葉を残した「見える化」の権威でもあるコンサルタントの遠藤功氏は、このような見える化を「管理の見える化」に比して**自律の見える化**と呼んで重視しています。

「自分が問題解決の当事者だ」という意識がないと、見える化を進めてもその効果は小さいという点には意識を払いたい

ものです。

　リーダーであれば、メンバーに当事者意識を植え付けるべく、常日頃から質問を多用したコーチング的なコミュニケーションをすることが求められます。

キーワード
見える化、タイムラグ、先行指標、KPI、JIT方式、自律の見える化、当事者意識

006 問題発見の超基本

俯瞰、分解、比較

解説

　問題解決というと MECE（モレなく、ダブりなく）の概念を用いたロジックツリーで物事を細分化するイメージをお持ちの方も多いでしょう（図2参照）。

　その上で分解した要素を比較などすることで検討し、効果的な問題解決に至るというイメージです。

　要素分解、要素還元的な思考法、方法論は、西洋発の近代科学にも通じる大事な発想です。徹底的に要素分解するからこそ、全体に影響を与えている一見微細でありながら重要なものに気がつくことができるのです。医学などでは特に重要な思考方法です。

　しかし、ビジネスの世界では、それだけでは往々にして「**木を見て森を見ず**」になりがちという罠があります。医学であ

れば、「人間の体」という当面の対象の全体像は明確ですから、それを徹底的に要素分解していけば何かしらのヒントは必ず得られます（もちろん、原因は花粉や細菌などの外部の要素ということも多いでしょうが、器官や臓器の様子をブレークダウンして見ていけば、ある程度は当たりもついていきます）。

一方、ビジネスの場合は、たとえば自分だけを見ていても、そこにトラブルの原因があるとは限りません。適切なアクションをしているのに、経営環境や業界環境が予想以上に激変してしまったということもあるでしょう。

そうしたときに必要なのは、一段引いて、**より高い視座、視点から全体を俯瞰する**ことです。個々の人間ではなく企業、企業だけではなく業界、業界だけではなく隣接業界も含めた社会の変化全体を捉えるという視座の上げ方は、最も典型的かつ効果的な手法です。たとえばあるファストフード店が苦戦しているのは、業界内の競争の問題ではなく、コンビニとの競争に負けつつあるということがわかるなどです。

また、上司やライバルの立場から自身を見る、あるいは国内の競争だけではなくグローバルに目を向けるのも大事な視点の変換です。たとえば、自社が人海戦術でバグをつぶしている間に、地球の裏側ではその非効率に気がついたライバルがイノベーションを模索している可能性もあるからです。

いたずらに広い範囲を見ればいいというわけではありません。しかし、物事を微視的に見る要素還元的な方法論と、全体を見ようとする（何が「全体」かを正しく設定するのは難しいですが）俯瞰的な思考の2つを併せ持つことが、問題

を適切に理解し、問題解決を劇的に早めることは知っておくべきでしょう。

　なお冒頭の「俯瞰、分解、比較」はコンサルティングファームの A.T. カーニーで用いられているものです。

column　分析の型

　分析にはいろいろなやり方やツールがありますが、筆者は『ポケット MBA 正しい意思決定のための「分析」の基礎技術』（PHP 研究所）において図4のような分析のタイピングをしました。詳細は割愛しますが、1つの見方として参考にしてください。

▎図04　分析の型

見方	分ける、「ツリー」にする 比較する 複数次元で関連づける 深層を洞察する

見るもの	大きさ、 差、比	トレンド	ばらつき
	パターン	過程・ プロセス	ふわっと したもの

　なお、図中の「ふわっとしたもの」は、組織の雰囲気や個人の感情、消費者の深層心理など、数値では捕捉しにくいものと考えてください。ただ、一見ふわっとしたものであっても、たとえば分析対象が組織であれば「7S」（戦略：

Chapter
1

問題解決の基礎

見きわめる

行動する

視点を変える

失敗に学ぶ

課題設定

Strategy、組織：Structure、経営システム：System、価値観：Shared Value、スキル：Skill、人材：Staff、スタイル・組織文化：Style）のフレームワークで分解すると、その特徴や問題点が見えてきます。基本的な分析の方法はやはり威力を持っているのです。

キーワード
ロジックツリー、要素還元、俯瞰的な思考、7S

007 「傾向」に意味あり

パターンを見出せ

解説

　パターンすなわち「傾向」には大きく2種類のものがあります。1つは時間とともに何かが変化するというもので、**「トレンド」**とも言います（図4ではパターンとトレンドは分けましたが、ここではまとめました）。「スマートフォンの浸透率が増える」「初婚年齢が上がる」などはトレンドの一種です。

　特に一国の人口動態などは慣性の法則が強く、なかなか変化しないトレンドです。こうした長期的なトレンドを正しく押さえておくことは、未来に向けて生じるであろう問題を予測したり、それを解決する策を前倒しで検討する上での基本です。

　もう1つの「傾向」は、2つ以上の物事の**相関関係**です。近年はAIやビッグデータの進化などもあって、人間がすぐ

Chapter
1

問題解決の基礎

見きわめる

行動する

視点を変える

失敗に学ぶ

課題設定

には気がつかないような相関を含む複雑な重回帰分析（複数の相関関係から予測を行う分析手法）なども行えるようになっています。アマゾンなどeコマースのリコメンデーションメールなどはその典型です。冒頭の言葉はアメリカのライドシェア大手、ウーバーで用いられているものですが、彼らもビッグデータからさまざまな傾向を見出し、ビジネスに活用しようとしています。

　ただ、この方法は、予測に関してはパワフルなのですが、経営的な論点が絡む場面において、人を納得させ動かすという面ではやや説得力が弱くなる傾向があります。

　現実の問題解決では、やはり今でも納得感、説得力といった観点から重視されているのはシンプルな2変数間の相関関係です。

　たとえば学習支援事業を例に考えてみます。いくつかの項目と習得レベルの相関をとったところ、復習時間と習得レベルに最も大きな相関があるのであれば、習得レベルを上げるために「しっかり復習するように」と言うことは容易ですし、聞いている方の納得感も高いでしょう。

　もし2番目に大きな相関が見られたのが、学生の自己肯定感を高めるような講師からの発言だとしたら、学生を動機づけるよう促すのも有効でしょう（いずれも実際の効果は検証する必要があります）。

　また製造業で、気温と不良品率の間に図5のような相関関係があるのであれば、気温を24度以下に保つというのもわかりやすい対応方法と言えます。

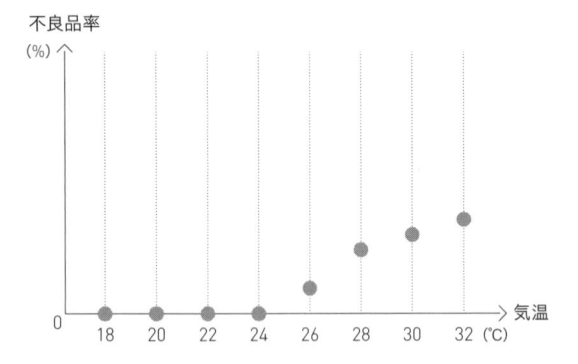

図05 気温と不良品率の関係

不良品率
(%)

0 18 20 22 24 26 28 30 32 (℃) 気温

　こうしたパターンを仮説を立てながら検証、確認していくのはやはり効果的なのです。

　昨今では、先述した通り、テクノロジーの進化によって、人間が気がつきにくい（仮説思考をしにくい）パターンの発見などにITを使うシーンも増えました。「スーパーマーケットではビールと使い捨ておむつが同時に売れやすい」というのは、POSデータから発見された古典的な事例です。

　今後は、「店内でこのパターンの動線を歩いた人は、他よりもAという商品を買いやすい」といった、より複雑な関係が見出される可能性もあります。

　ただ、コンピュータが勝手にセンサーを設置することはありません。結局、データ収集、データ入力の段階で人間のセンスやスキルは必ず必要になってくるのです。

　常日頃からさまざまな事柄の相関について仮説を持つこと、そして多くの事例をレファレンス（参考事例）として持つことが大切です。その上で、IoTなども費用対効果を考えなが

Chapter
1

問題解決の基礎

見きわめる

行動する

視点を変える

失敗に学ぶ

課題設定

ら導入するなど、人間の先入観にとらわれない発見の方法も
同時に持つ必要があるのです。

---

column 思い込みは危険

　人間の、「たぶん○○の方が△△だろう」は往々にしてあ
てにならないことがあります。そうした思い込みを事実で
しっかり反証するという行為は非常に重要です。

　たとえば、アメリカのプロバスケットボール（NBA）は
アフリカン・アメリカンの選手がレギュラーの大半を占めて
いますが、昔から「ハングリーな環境下で育った選手ほど、
上昇志向が高く成功しやすい」との認識がスカウトたちにあ
りました。

　しかし、実際に調べてみると、貧しい家庭出身の選手より
も、中流以上の家庭出身の選手の方が良いパフォーマンスを
残していることが判明したのです。さらなる調査の結果が示
唆したのは、

・家庭が貧しいと栄養状態が良くなく、（バスケットボール
　というスポーツにおいて特に重要な）身長が伸びにくい
・貧しい家庭ではチームスポーツに必要な規律が身につきに
　くい

といった理由でした。

　言われてみればなるほどということでも、実際に調べてみ
ないとわからないことは多いものです。

　「□□ほど☆☆だろう」という根拠のない思い込みが社内に
蔓延していないか、一度確認してみるといいでしょう。

キーワード
トレンド、人口動態、相関、仮説思考、データ収集、IoT

Basic

008 人は嘘をつく

言葉よりも行動

解説

　Basic007 で触れた傾向の発見に限らず、分析を行い何か
を見出すためには、正確な元データを入れる必要があります。
元データはセンサーによって IoT 的に測定できるデータも
あれば、アンケートに基づくデータ（例：購買意向、満足度
など）もあります。ここで留意すべきは、人々の「行動」は
なかなかごまかせないものの、「言葉（発言）」は往々にして
嘘をつくということです。

　もともと、人間は見栄を気にして本当のことを言わないと
いうことが指摘されています。たとえば、通常、多くの男性
は「付き合ったことのある女性の数」を聞かれると実際より
多めに答えます。グーグルの元データサイエンティスト、セ
ス・スティーヴンズ＝ダヴィドウィッツは、著書『誰もが嘘
をついている』（光文社）の中で、そうした傾向は人々が予

測した以上に多いことを示しました。

　たとえば、表立って自分が差別主義者だという人はいなくても、グーグル検索の結果を丹念に調べると、かなり差別的な言葉が入力されていることがわかりました。彼は、オバマ前アメリカ大統領がこうした差別から選挙で4%ほど票を失っていたと推定しています。

　これは、グーグル検索という、人間の本性が出やすい（自分の本音を隠す必要がない）「行動」を測定した**ビッグデータ**を解析したがゆえに発見された出来事です。

　一方、フェイスブックなどのSNSは自分を偽る傾向が強く、ユーザーの正確な意識は闇の中です。ダヴィドウィッツによれば、アメリカの既婚女性は、夫についてSNSへの投稿では「最高」「親友」「驚異的」「誰よりすごい」「超かわいい」と表現する一方で、グーグル検索では「ゲイ」「嫌なやつ」「驚異的」「うんざり」「いやらしい」という表現が上位を占めているという事実を指摘しています。

　皆さんの組織でも、満足度を始めとするアンケートデータは多いはずです。しかし、そのデータは必ずしも実態を表わしたものではなく、偽りの可能性がある程度はあるのです。

　可能な範囲で実態と相関の高い行動データ（例：満足度であればリピート率や顧客単価の変化など、社員満足度であれば離職率やメンタルヘルス上のトラブル率など）を見出したいものです。

キーワード
行動データ、アンケート、虚偽報告、ビッグデータ

Chapter 1

問題解決の基礎

見きわめる

行動する

視点を変える

失敗に学ぶ

課題設定

009 枠組みは大きな武器

フレームワークで
物事を見よ

解説

　物事の全体像を捉えたり、分析・立案する際にフレームワーク（枠組み）を用いると、問題解決を含め、物事を非常に処理しやすくなります。我々グロービスを始め、多くの組織で言われる言葉です。

　ビジネスの1つの特徴に、形の明確な「モノ」とは異なり、ぼんやりしたものだという点があります。たとえば「Aさんが考えた新ビジネスって結局どんなビジネスなの？」と聞かれても、瞬時に回答するのは意外と難しいものです。「こんな感じのサービスで、こういった人に受けると思います」という回答をする人もいるかもしれませんが、それだけでは重要な点を漏らしてしまいかねません。

　あるいは、「今度入社するBさんってどんな人？」といっ

た質問もそうです。いろいろな特徴を語ることはできるでしょうが、これも大事な点を伝え漏らしてしまうかもしれません。

そこで活躍するのがフレームワークです。

たとえば新ビジネスについて説明するのであれば、クレイトン・クリステンセン教授らが提唱したビジネスモデルの4要素、「提供価値」「利益方程式」「経営資源」「プロセス」で説明をすると、だいたいのポイントは伝わるはずです。そのアイデアが効果的かを再度分析する際にも、同じフレームワークが使えます。

難しいと感じるようなら「誰に」「どのような価値を」「どのように提供し」「どのように儲けるのか」という観点で伝えたり分析してもいいでしょう。含まれる要素はほぼ同じであり、重要な点を漏らしていないということが重要です。

その上で要素間の整合度合いなどを確認してみます。たとえばその事業が10代の若者をターゲットにしているにもかかわらず、それを伝えるメイン媒体がフェイスブックというのでは、あまり効果的ではなさそうだとすぐに想像できます。「若者の利用が多いツイッターやLINE、インスタグラムの方が効果的ではないか?」という議論がしやすくなるのがフレームワークで物事を整理することの大きな効用です。

人物について説明するのであれば、「30代くらいの女性」といった基本的属性情報に加え、「スキル(それに伴う実績)」「モチベーション、志」「人的ネットワーク」などで説明する

と、その人がどんな仕事に向いているのか判断しやすくなるでしょう。

　フレームワークはビジネススクールで学ぶものだけでも数百に及びます。こうしたフレームワークを的確に用いるのが**フレームワーク思考**です。分析を始め問題解決を仕事とするコンサルタントや、経営大学院などの卒業生であれば当たり前に身につけている思考パターンです。

　一般に、永く用いられているフレームワークほど、時代の風雪に耐えた汎用性の高いものと言えます。いずれにせよ、「先人の知恵」が詰まった、囲碁や将棋に例えれば**定石（定跡）**に相当するものです。フレームワーク思考は、先人の知恵をうまく活用する思考方法とも言えるのです。

　なお、先人の知恵を活用することも重要ですが、場面場面に合わせて、自分なりに新しいフレームワークを（既存のフ

▌図06 フレームワークは先人の知恵

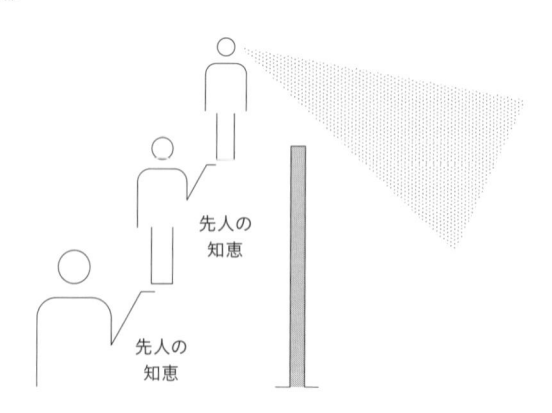

先人の
知恵

先人の
知恵

レームワークも参考にしながら）考えてみることも非常に有効です。たとえば良い夫婦かどうかを考えるならば、「愛情」「家計」「子育て」「人づきあい」の４つのフレームで考えるなどです。慣れてきたらそちらの比重を上げていくと、オリジナリティの高い分析や示唆が導き出せるようになります。

column　どこでどのフレームワークを使うのか？

　フレームワークの最も典型的な落とし穴は、あるフレームワークを適切なシーンで使いこなせないというものです。ゴルフの諺に「ドライバーの打ち方を習えばバンカーでもドライバーを振りたくなる」というものがありますが、当然それでは良い結果は出ません（バンカーの中では、通常、サンドウェッジという専用のクラブを使います）。それと同じことがよく生じるのです。

　適切なフレームワークを適切なシーンで使えるようになる近道はありません。ただ、超定番のビジネスフレームワークについては、その使いどころや留意点、簡単な背景のメカニズムなどは書籍などを確認してしっかり押さえるようにしたいものです。筆者がまとめた『グロービス MBA キーワード 図解 基本フレームワーク 50』や『グロービス MBA キーワード 図解 基本ビジネス分析ツール 50』（いずれもダイヤモンド社）などもコンパクトでお勧めです。

キーワード
ビジネスモデル、フレームワーク思考

見きわめる技術

マインドセット、本質

問題の萌芽に気づき、
本質に絞り込む

「見きわめる」はいろいろな意味を含む言葉ですが、本Chapterでは問題の萌芽に気づくことと、物事の「勘所」「本質」を捉えることや、「超えられない一線」を理解することの重要性について触れます。

　まずBasic010からBasic013までは、問題の萌芽を見逃さないための方法論や、問題を問題と認識することの重要性を解説します。問題を正しく問題と捉える姿勢やマインドセットと、問題を早期のうちに発見する洞察力を併せ持つこと——これは言うは易いことですが、なかなか多くの人ができていないことだからです。Chapter1で紹介した分析のコツなどとあわせ、正しく理解しておきたいポイントです。

　Basic014以降では、やや視点を変え、物事の「勘所」「本質」を捉えることや、「超えられない一線」を理解することの重要性について触れます。これらを理解しておくことは問題解決の効率を高めるだけではなく、長い目で見たときにビジネスを成功に導くことが多いからです。
　たとえば「超えてはならない一線」を超え、「虎の尾」を踏むことは、問題解決の効率を著しく下げてしまいますし、かえって新しい問題を引き起こしてトラブルを大きくしたり、

人間関係に禍根を残すなどの別の問題も引き起こしてしまう
のです。

　本 Chapter では、こうしたことを常に意識し、実践でき
るようになるためのヒントを提供していきます。

Basic

010　問題は認識

問題解決の第一歩は、問題の存在を認めること

解説

　この言葉はアメリカの化粧品会社の創業者、メアリー・ケイ・アッシュによるものです。

　問題は、実在すること以上に「認識」することが重要な意味を持ちます。なぜなら、多くの問題は認識されなければ、効果的な問題解決のアクションが取れないからです。

　たとえば中学生の子どもを持つ親の立場に立ってみましょう。子どもが宿題をよく忘れる、朝起きるのが遅い、といった状況にあるとします。それを「中学生くらいの年代にはよくあることだから」と何のアクションも取らなければ、勝手に改善される可能性は低いでしょう。

　「これは何か問題が隠れているのではないか」と考え、主体的に問題解決を図ることで、改善する可能性が大きく増しま

す。調べてみた結果、軽度の発達障害などの病気であったというケースもありえます。であれば投薬など適切な治療を施すことにより、一気に改善する可能性も生じるでしょう。

　ビジネスでも同様です。**問題の認識がしっかりなされないと、組織の生産性は上がりません。**

　現実に多いケースは、たとえば対前年比の売上目標を110％としていたのに、105％で未達に終わったときなど、「明確にネガティブではない」ときです。目標未達とはいえ、5％売上げが伸びれば「まあいいか」と感じる人は、若手でもシニアマネジャーでも多いでしょう。しかし、10％の成長を予測したのにはそれなりの理由があったはずです。

　経営環境が急激にマイナスの方向に変わったのではない状況なのに、目標未達の状況を良しとするのはいただけません。

　妥当性の高い目標設定をしたにもかかわらず、目標10％成長に対して5ポイントの未達というのは、達成意欲の欠如や、**PDCA**（Plan-Do-Check-Action のサイクル）、特にCheck と Action の実行の甘さ、あるいはコンティンジェンシープラン（緊急時対応計画）の不適切さを示すことが多いものです。

　そうしたことを正しく問題と認識し、解決を図るべきものと捉える姿勢が何よりも大事です。

キーワード
達成意欲、PDCA、コンティンジェンシープラン

Basic

011　近視眼を避ける

人は順調なときに、
真理から遠ざかる

解説

　人間には**確証バイアス**という、「見たいものだけを見たが
る」という抜きがたい習性があります。この傾向は多かれ少
なかれほとんどの人が持っているのですが、それが強くなる
シーンがいくつかあります。

　その１つが、物事が順調なときです。物事が順調に進ん
でいる理由は、それまでの分析や意思決定、実行したことや
その方法が正しかったということが多いでしょう。こうした
シーンにおいては、人間は往々にして自信過剰になります。
そのことを指摘するのが、ユニ・チャーム創業者の高原慶一
朗氏による冒頭の言葉です。

　また、成功しているがゆえに、それが止まってしまうこと
を恐れ、ネガティブな情報に注目が行かなくなるという傾向
も生じます。これらが結びついて起こるのが「**成功の復讐**」

Chapter
2

問題解決の基礎

見きわめる

行動する

視点を変える

失敗に学ぶ

課題設定

です。

　成功の復讐は個人ベースでも生じますが、組織として生じたとき、同調圧力とあいまって、より強固なものとなりがちです。たとえば若手が「こういう顧客の声が最近気になるのですが」と言ったとしても、シニアの社員が「その程度のことはよくあることさ」と応じてしまうなどです。

　特に強い本業で長年勝ってきた会社など（1980年代までのキリンビール、90年代までの米国コダックなど）は、組織に強力なイナーシャ（＝慣性）が存在していることから、それを振りほどいて真理に目を向けるのは大変なことです。

　たとえば80年代のキリンビールの例でいえば、同社はすでに「人々は苦くないシャープな味の生ビールを好む」という情報は得ていました。しかし、それまでの（苦い味の）ラガービールの成功があまりに強烈（一時期はシェア60％超）だったがゆえに、その真理に向き合うことができず、業界地位を落とすことになったのです。

　この罠を避けるためには、**「成功はあくまで仮の姿である」**というマインドセットを持つ、あるいは、組織に外部の視点を積極的に取り入れ、社内の常識にチャレンジさせてみるなどの方法論が効果的です。また、リーダーが常に健全な危機意識を持ち、過去のトラブル例を示したり、他社の失敗例などを示して皆を戒めることも効果的です。

キーワード
確証バイアス、成功の復讐、イナーシャ

012　問題は予想以上に顕在化している

失敗した会社では、多くの社員は、ずっと前から問題を知っている

解説

　これはアメリカを代表するベンチャーキャピタル、アンドリーセン・ホロウィッツの共同創業者、ベン・ホロウィッツの言葉です。彼は多くのベンチャー企業の失敗を見てきましたし、自分自身、起業家として多くの成功、失敗を味わっています。

　この言葉の趣旨は、（ベンチャー）企業はある日突然経営状態が悪化して倒産するのではなく、その予兆はすでに現われており、しかもその原因も多くの従業員はわかっているということです。ベンチャー企業の場合、原因がわかっていても経営資源の制約などの面からすぐにそれをつぶせないという事情はあるわけですが、これは経営資源の豊富な大企業においてもしばしば当てはまります。

　たとえば近年、連邦破産法 11 条を申請したアメリカの玩

Chapter 2

問題解決の基礎

見きわめる

行動する

視点を変える

失敗に学ぶ

課題設定

具小売トイザらスは、アマゾンとの競争、玩具を特売品とした大手小売りとの競争（玩具は子ども連れの顧客を引き寄せる上で重要な商品であるため戦略的に値引き商品として使われた）、ソーシャルゲームなどの浸透による玩具市場の伸び悩みなど、複数の原因が元で経営が立ち行かなくなってしまいました。

経営陣も懸命に対応したのですが、2012年頃にアマゾンと慌てて組んだことは、ビッグデータを吸収されてしまっただけで、かえって利敵行為になってしまいました。

このケースであればもっと早い段階で手を打つべきだったのです。「皆が原因がわかる」という状態になってしまう頃には、そこからのリカバリーは容易ではないのです。

どれだけ早い段階で「深刻な状況を招きかねない変化の予兆」に気づき、それについて皆で議論しながらつぶしこんでいくか。その重要性を物語る言葉と言えるでしょう。

なお、皆が原因がわかっていても、それを本気で議論しないというもっと困った状況もしばしば起こります。たとえばある企業では、前時代的なセクハラがしばしば発生し、若手社員のモチベーションダウンにつながっていましたが、公式にはそのようなことはないことになっていました。「日本人はファクトから目を背ける」という傾向はしばしば言われることです。

火災において初期消火が効果的であるのと同様に、早い段階から好ましくないファクトを見つけたら、それを報告し、議論する姿勢が、特に若手には求められるのです。

　これはテスラやスペースXの創業者のイーロン・マスクの言葉です。若手であれば多少成功していたとしても先輩が一言戒めれば目を覚ますケースも多いのですが、問題はある程度のポジションに上ってしまったケースです。最悪のパターンは、経営者がその状態になってしまうことでしょう。

　経営者は通常、人事権も持っていますから、進言、諫言をしてくる人間を疎ましく思えば、彼らを遠ざけることも可能です。その結果、「イエスマン」ばかりが側近として跋扈するようになり、組織は急速に傾いていくのです。

▌図07 イエスマンは忠臣を駆逐する

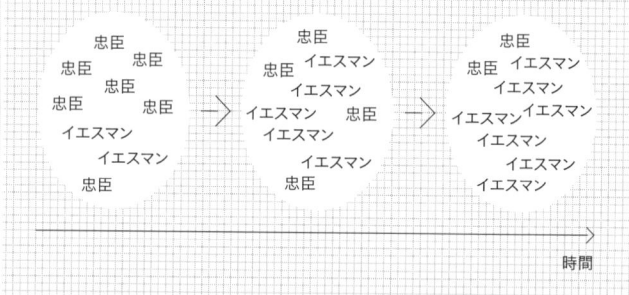

これを避けるにはいくつかの方法があります。1つは、**健全な反対意見を出すことを称賛するような組織文化**をあらかじめ作ることです。

　また、昨今のガバナンスシステム改革の中で注目されているのは、経営者の暴走や無為を防ぐよう、社外取締役などの制度を入れることです。社外取締役はうまく機能すれば、経営者の相談役、サウンディングボード（自分の意見に対して率直に指摘をしてくれる人）としても機能します。

column　「Why Not Yet?」を突き詰める

マッキンゼー・アンド・カンパニーとボストン・コンサルティング・グループ（BCG）の両社で高い職責を務めたコンサルタントの名和高司氏は、問題解決プロセスの「Why」と「How」の間に「**Why Not Yet ?**」（なぜそんなことがまだ片付いていないのか？）を問うことの重要性を説いています。

これは、多くの問題解決において、Why を突き詰めていった結果、予想しない意外な原因が浮かび上がることばかりではなく、むしろ「なんでいまだにそんなに放置されて来たのか？」といったような原因に突き当たることが多いということです。

さらに言えば、そのようなケースでは、経営者本人や社内の実力者の思い入れやトラウマが原因になっていることが少なくありません。たとえば赤字で垂れ流している事業が続く理由が、社長も意見も言いにくい古参重役の思い入れに起因し、かつ一度意見か意見を言したところ、社内で険悪な空気が広がってしまったなどといった社内の記憶がある場合、わかっていても好んでその「虎の尾」を踏みたがる人は多くはないでしょう。まさにそれが問題解決を妨げる本質的な原因となっており、単純に「そこを変えればいい」とはならないのです。

キーワード
ファクトベース、社外取締役、サウンディングボード、Why Not Yet?

013 無垢な視点には
価値がある

新入社員は、
良質な非常識で
会社の垢に
気づかせてくれることがある

解説

　長らく同じ企業にいると、特殊なやり方をしていても、それを当たり前と感じるようになるものです。本来は好ましくなくても、会社や職場にしみついた癖とでも言うべきものです。それに気づき、解消したり変化させることは、しばしば効果的な問題解決に結びつくことが多いのですが、その特殊な環境に慣れてしまうと、内部の人間はなかなかそれを指摘することができません。人間は「朱」に交われば赤くなってしまうのです。

　そこで役に立つのが新人や外部の視点です。新人は、新入社員でもいいのですが、他の企業勤めの経験のある中途社員の場合、前職と比較することでよりピンポイントで不合理な箇所の指摘ができるものです。「ここはなぜこのようにして

問題解決の基礎

見きわめる

行動する

視点を変える

失敗に学ぶ

課題設定

いるのですか？」という純粋な質問が、不合理に気づかせてくれるのです。

　実際、そうした質問に答えようとすると、「昔からそうだったから、そうしている」ということが圧倒的に多いものです。そこにメスを入れるだけで仕事の効率が変わります。

　再生ファンドの仕事に従事する筆者の知人は、再建先に行くとまず「なぜこうしているんですか？」と質問することを常としていると言います。再生ファンドが入るような組織は、通常、「非常識な常識」がはびこっているものです。それを的確に指摘し、つぶしこんでいくだけでかなり早い効果が見込めるものです。それが信用につながり、さらに再建がしやすくなるという好循環も生まれます。

　これは経営コンサルタントなどにも当てはまります（ちなみに、冒頭の言葉は元マッキンゼーのコンサルタントで、DeNA を創業した南場智子氏の言葉です）。

　コンサルタントという職業はもちろん一定レベル以上のスキルと経験は必要ですが、業界知識が乏しくとも、業界の常識に染まっていないピュアな視点を提供するだけでも内部の人間には出しにくい価値は出せるのです。

　昨今、組織のオープン化が進みました。さまざまな「新参者」が職場に来ることも多いでしょう。彼らの純粋な疑問の中に多くのヒントが潜んでいることを意識し、上手に活用したいものです。

キーワード
非常識な常識、コンサルティング

Basic

014　問題には軽重がある

「本質的な問題」と「単なる現象」を区別することが大事

解説

　世の中の出来事や変化は、突き詰めれば何かしらの問題、あるいはその原因の萌芽とも言えるわけですが、経営資源や時間には限りがあります。ほとんど無視しうるものと、早目の問題解決、本腰を入れた問題解決が必要なものをしっかり見分ける必要があります。そのことを指摘する冒頭の言葉は、コンサルタントの大前研一氏によるものです。

　たとえば、ある雑誌編集者が、担当するインタビューコーナーの読者からの評価が5回連続で低かったとします。原因に思い当たる節がなければ、そこには何かしらの問題がありそうですから、その原因を突き止めた上で、内容やレイアウトの変更など抜本的な見直しを図る必要があるかもしれません。

　しかし、明らかに最近取り上げた5人に評価低迷の原因

があるのであれば（有名ではない、好き嫌いが分かれる人物であったなど）、今回の件は一過性の事象と割り切り、より優先的に取り組む問題を見出すことが優先されるでしょう。

では本質的な問題と単なる現象はどうすれば見分けられるのでしょうか。問題解決の1つの前提に、**「小さな原因には小さな結果が対応し、大きな原因には大きな結果が対応する」**というものがあります。それゆえ、ロジックツリーなどを用いて細分化を行い、重要箇所にエネルギーを割くわけです。基本はまずこれをしっかり検討することです。

ただし、現実はそれほど単純ではないことも意識しておきましょう。「地球の裏側の蝶の羽ばたきが大きな災害をもたらす」というバタフライ効果という考え方があります。この例は極端としても、世界がネットなどを通じてつながり、狭くなった結果、軽んじていた事象が大きなトラブルをもたらす可能性は高まっています。こうした複雑な関係性のある問題については Chapter11 で触れます。

また近年は、指数関数的に問題が大きくなるシーンも増えています。ネットの炎上などはその例です。早期に適切に「火消し」しておけばどうということのなかった問題が、不適切な対応で大問題に発展することなどもよく起きています。

そうした世の中の変化にも敏感になっておく必要があります。

キーワード
ロジックツリー、バタフライ効果、指数関数的拡大

015　ダメなやり方をしても
効果は出ない

構造的な負け戦は
構造的に負け続ける

解説

　これは経営共創基盤創業者の冨山和彦氏が戦略について
語った言葉ですが、問題解決全般にも当てはまります。つま
り、問題の構造を錯覚したり、本質的ではない部分を本質と
見誤ってしまうと、どれだけ一生懸命に取り組んだとしても、
結局、結果は出ず、相変わらず問題は残ったままになってし
まうのです。

　たとえば昨今、日本のIT事業での競争力低下が叫ばれて
います。事実、世界のITビジネスはセブン・シスターズ(グー
グル、アマゾン、フェイスブック、アップル、マイクロソフト、
アリババ、テンセント) という米中の巨大プラットフォーム
企業に牛耳られており、今から日本企業がこれを逆転するの
は難しいでしょう。それに続く新ビジネスも、なかなか世界

Chapter
2

問題解決の基礎

見きわめる

行動する

視点を変える

失敗に学ぶ

課題設定

的に競争力があるビジネスは生まれにくくなっています。日本では強い LINE でさえ、アメリカなどではフェイスブック傘下のワッツアップに苦戦を強いられています。

こうしたことに問題意識を持って、政府も義務教育段階からプログラミング教育を施すなどの施策を打ってはいますが、おそらく効果は非常に限定的なものになるでしょう。義務教育で多少プログラミングをかじったところで、しっかりしたトレーナーについて学ぶことと比べると効果は限定的です。もともとセンスのない多くの人間はすぐに忘れるでしょうし、仮にセンスがある人間がいたとしても、受験に関係があるわけでもありませんから、力も入りません。

それ以上に重要な、IT ビジネスに優秀な人材が行かない理由は他にもあります。たとえば以下のようなものです。

・日本人は安定志向が強い。数学力の非常に優れた人間は、給与レベルが高くない IT 企業には行かず、安定的高収入が見込める医師になろうとする（全員ではないが、米中に比べると圧倒的に医学部に行く人間が多い）。また、起業はいまだにリスクが高く、またロールモデルもアメリカなどに比べると少ないことから、ハイリスク・ハイリターンを好まない人間には避けられがち。

・日本の法律では思い切った実験ができない（例：グーグルのストリートビューのような「こんなことをしてもいいの？」といった取り組み）。何かをすると既存勢力を敵に回し、つぶされてしまう可能性も高い。中国のように、す

ぐさまトップダウンで法律を変えて国策として推進するということもできない。

・ 大学が保守的で、新しい分野の講座や学生が増えない。企業とのネットワーキングの場も少なく、また教員が雑務で多忙のため、新しい取り組みに費やせる時間を確保することが難しい。

・ そもそも IT 人材が高く評価されるような風土がない。アメリカでは「オタクを馬鹿にするな。いつか君の上司になる可能性がある」という言い習わしもあるが、日本ではそうした見方はされにくい。等々

こうした根本原因を変えないと問題は解決しないのですが、資源の制約などもあり、結局は「一応アクションは取りました」というアリバイ的な施策に終始してしまうのです（そもそも、政策について、後で投資対効果について評価するという文化もありません）。

上記の例は社会問題とも言える大きな問題であり、だからこそ時間のかかる本質的なアクションを取りにくいという側面もありますが、身の回りの問題においても、何かしらの理由で小手先のアリバイ的対応に終わってしまうことは少なくありません。

部門の意識改革などがわかりやすい例です。関係者も実は根源的な問題にうすうす気づきつつも、結局は本質的ではない対応（例：ちょっとしたアサインメントの変更など）に終始し、さらに問題が悪化してしまうといったことがありがち

です。基本構造は変わっていませんから、結局はまさに構造的な機能不全が続くのです。

　常に高い視座を持ち、「本質的な部分に働き掛けているか」「インパクトの大きな施策を打っているか」を自問したいものです。

キーワード
アリバイ的対応、構造的な機能不全

Basic

016　本当に正しい方向に
　　　向かっているのか？

True North?

解説

　アメリカを代表する戦略コンサルティングファームの1
つ、ベイン・アンド・カンパニーの問題解決のポリシーとなっ
ているのが「True North ？」（それって本当に北極星の方を
向いているか？）です。北極星は常に地球から見て（地軸の
延長から）北にあることから、航海などを通じて人類に大き
な恩恵をもたらしてきました。そこから「究極に正しい方向
性」を示す比喩として用いられるようになったのです。

「究極に正しい方向性」はさまざまなことを含意しますが、
多くのビジネスパーソンにとって重要なポイントとして下記
があります。

①それって本当にクライアントにとって最善なのか？
②安易なやり方で妥協していないか？

Chapter
2
問題解決の基礎

見きわめる

行動する

視点を変える

失敗に学ぶ

課題設定

③企業市民（利益追求の前に、良き市民でなければならない
　という考え方）としての責務は果たしているか？

　①については、コンサルティングファームの場合はクライ
アントは明確です。一方、多くのビジネスパーソンにとって
は、たとえば「会社と上司と自分の利害が微妙に異なる。ど
の立場で考えるべきなのか？」といった問題に遭遇すること
も少なくありません。

　たとえば、自分ではなく後輩がプロジェクトリーダーをす
る方がいいということがわかっていても、それを上司に進言
できる人間は稀でしょう。これについては絶対的な解はあり
ません。自分自身で考えぬくしかないわけですが、利己的す
ぎても利他的すぎてもビジネスパーソンのキャリアは面白い
ものにはなりません。非常に高度なバランス感覚が要求され
る場面と言えます。

　②はビジネスパーソンが陥りやすい罠です。「このくらい
でいいかな」というレベル感で満足してそこから先を考える
ことを止める人も多いものです。

　仮に問題解決に投下したエネルギーとその効果が図8の
ようになると仮定した場合、Aのポイントまで行けば確かに
それ以上エネルギーを投下することにあまり意味はありませ
ん。しかし、Bの地点で止めてしまったのでは十分な効果は
出ませんし、自分の中・長期的な評判も下がってしまいます。
依頼側の要望を正しく理解した上で、可能ならばその120%
程度まで頑張れないかを今一度考えてみましょう。ちなみに、

図08 投下エネルギーと効果

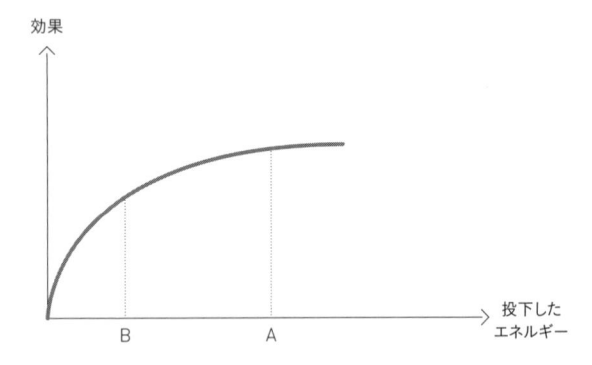

費用対効果を考えつつ問題解決のインパクトに注目する考え方を**インパクト思考**と呼ぶこともあります。

③は昨今注目を集めているコンプライアンス（法令順守）や CSV（Creating Shared Value：共通価値の創造、事業を通じた社会貢献）などとも絡んできます。

グレーゾーン的な部分についてはどこまで踏み込んで良いかの判断は難しいのですが、明らかな黒、あるいは限りなく黒に近いグレーは一般的には避けるのが賢明です。また昨今は人々の意識の変化も大きく、企業の存在感が大きくなったからこそそれに合わせて新しい規制が生まれるという事態もあります（例：EU の一般データ保護規則〔GDPR〕）。そうした潮流は理解しておくべき必要があります。

特にベンチャー企業などはグレーゾーンに踏み込んでこそ成長できるなどといった見解もあり、判断は難しいところですが、最後は企業市民（企業は利益を追求する以前に良き市

民であるべきであるという考え方）としての役割をしっかり果たしているかを説明できる程度には理論武装しておく必要があります。それがないと結局は社会というステークホルダーに受け入れられないからです。

そのためにも、コンプライアンスという「守り」と、事業を通じていかに社会貢献しているかという「攻め」にバランスよく意識を向ける必要があるのです。

キーワード
企業市民、インパクト思考、CSV、グレーゾーン

Basic

017　価値を出せる場所を見出せ

私は勝てる戦を
探しているだけ

解説

　これは元 USJ チーフマーケティングオフィサーの森岡毅
氏が共著書『確率思考の戦略論』（KADOKAWA）の中で
使っているフレーズです。彼は過去の経験から、消費者市
場の本質は似たようなものであり、Preference（好意度）、
Awareness（認知度）、Distribution（配荷）の３つのポイ
ント（その伸び代）に集約されると結論付けました。そして
その観点から成功を収めやすいプロジェクトに絞って実施し
た結果、98% の成功を収められたとのことです。

　ここまで割り切った洞察をするのは難しいかもしれません
し、多くの方は経営者や役員とは異なり、解決すべき問題の
設定や施策に自由度があることは稀でしょう。

　しかしそれでも「勝てる戦を探す」という発想は示唆に富
みます。

　事例で考えてみましょう。多くのビジネスパーソンはチームで問題解決をすることが多いはずです。ある問題を深掘りしていった結果、たとえば役割分担が適切ではないという問題と、上司がマイクロマネジメント（細かいことにまで口出ししたりする）したがるという本質につきあたったとします。

　ここで、もし自分が上司との折り合いがあまり良くなく、かつ人を説得するのが不得意だとすれば、上司にマイクロマネジメントを控えるよう進言することは悪手でしょう。であれば、自分は前者の問題にフォーカスし、後者はそれを得意とする他者に任せるという方法論が見えてきます。

　ビジネスキャリアの早い段階で自分の得手不得手を固定しすぎるのは、スキル向上の観点から必ずしも好ましいことではありません。しかし、ある程度は「**自分が勝ちやすい戦、フィールド**」でしっかり**結果を残す**方が、長い目で見るとリターンが大きいことが多いのです。

キーワード
確率思考、戦略思考

018　何事も優先順位

サービスが先、
利益が後

解説

　これは宅配便（ヤマト運輸における商標は「宅急便」）の発案者、小倉昌男氏の言葉です。1970年代中盤、彼はそれまでのトラック運送から宅急便ビジネスに事業を大きく転換させる中で、いくつかのフレーズを唱えました。冒頭の「サービスが先、利益が後」はその代表です。

　これは単純に優先順位を示したというだけにとどまらず、新しいソリューション（新規事業）の本質を踏まえた優先順位を洞察したという意味で特筆されます。通常、サービス業は、大手製造業なら当たり前の巨大な先行投資に慣れていないことが多いものです。「地道に利益を出す→少し投資する→利益が増える→それをまた少し投資する……」といった感じです。これはこれで手堅いのですが、インフラが必要なビジネスでは、一気にライバルに差をつけることはできません。

問題解決の基礎

見きわめる

行動する

視点を変える

失敗に学ぶ

課題設定

図09 宅配便事業の勝ちパターン

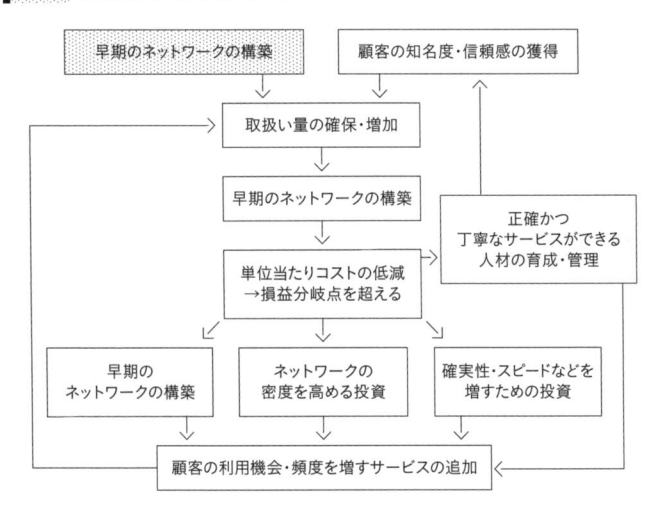

早期のネットワークの構築

顧客の知名度・信頼感の獲得

取扱い量の確保・増加

早期のネットワークの構築

単位当たりコストの低減
→損益分岐点を超える

正確かつ
丁寧なサービスができる
人材の育成・管理

早期の
ネットワークの構築

ネットワークの
密度を高める投資

確実性・スピードなどを
増すための投資

顧客の利用機会・頻度を増すサービスの追加

　小倉氏は顧客満足のためのインフラに先行投資する→大き
な利益が生まれる→さらに大きな投資をする……という発想
に転換し、それを実現したのです。今でこそサービス・マネ
ジメントの教科書に出ているような話ですが、当時としては
炯眼だったと言えるでしょう。徹底的に新しいビジネスにつ
いて考え抜いたからこそ、この逆転の発想が生まれたのです。
　問題解決のソリューションの本質を見きわめ、要素間の優
先順位を正しくつけるのは簡単ではありません。しかし、徹
底的に考え抜いた優先順位付けは、人々の思考にも影響を与
えます。またそれが「理外の理」であるほど、競合他社の追
随を遅らす効果もある点は理解しておきましょう。

キーワード
優先順位、先行投資、理外の理

Basic

019 守るべきものを意識せよ

本質を見失ってはいけない。見失うと、いつでも改革という美名のもとに大切な本質が失われる

解説

　ソニーの創業者の1人である盛田昭夫氏のこのフレーズで注目したいのは「改革という美名」の文言です。

　組織人は、たとえば新しいポジションに就いたりすると、前任者との違いや自分らしさを出そうとして何か新しいことを始めたりすることが少なくありません。それ自体は組織に新風を吹き込む意味もあり、必ずしも否定されるわけではないのですが、戦略上重要な箇所を無意味に変えようとしたり、組織のDNAとでも言うべき好ましい組織文化を乱すようでは問題です。

　かつてある企業は、新方針の一環として「アフターサービス部門も稼ぐべき」を打ち出し、同部門をプロフィット・センター（利益責任を持つ部門）化しました。一見理にかなっ

Chapter

2

問題解決の基礎

見きわめる

行動する

視点を変える

失敗に学ぶ

課題設定

ているように思えますが、結果好ましくない状況を招いてしまいました。

利益を出すことを求められたアフターサービス部門が、顧客に「サービスの押し売り」や、高額な過剰なサービスを提供するなどをして、顧客満足度をかえって下げてしまったのです。顧客満足を重視してきた同社としては手痛い結果を招いてしまったのです。

別の例では、代理店管理をしていたある新任の営業サポートスタッフが、経営理念への共鳴といった大事なポイントを忘れて代理店の整理を行った結果、規模こそ大きな代理店は残ったものの、自社の交渉力も弱くなり、自社製品を優先的に売ろうというモチベーションも下がったことがありました（仕方なくマージンを厚めにした結果、収益性にも悪影響が出ました）。

その施策が組織の本質とも言える部分にどのような影響を与えるのかをイマジネーション豊かに、しっかり見定める必要があります。特に「改革」や「変革」「挑戦」などの文字が組織に踊っているときには、往々にして不用意な施策が実施されがちであるという点は、しっかり理解しておきたいものです。

キーワード
改革、プロフィット・センター、組織文化

Basic

020　譲れない一線を理解せよ

我々のアイデンティティを保つためにできることと、絶対にできないことがある

解説

　Basic019とも関連しますが、ビジネスにおいては、比較的フレキシブルに変えて良いポイントと、よほどのことがない限り変えずに死守すべきポイントがあります。後者の代表の1つが、会社が長い時間をかけて構築してきたコーポレートブランドです。コーポレートブランドはその会社の社会に対する誓約や「らしさ」を示したものであり、昨今では経営理念と7〜8割程度重なるという指摘もあります。いずれも、「アイデンティティ」を強く反映するものであることがわかります。

　冒頭のフレーズはマクドナルド創業者のレイ・クロックのものです。マクドナルドは、アメリカや日本をはじめ、ほとんどの国でアルコールを提供していません（ベルギーなどを除く）。もちろん、年齢確認など、オペレーション上の大変

Chapter
2

問題解決の基礎

見きわめる

行動する

視点を変える

失敗に学ぶ

課題設定

さがあるという理由もあるのでしょうが、根底に「明るく親しみやすいマクドナルドらしさ」を損なうという判断があることが想像できます（なお、コカ・コーラもアルコールを避けてきた会社ですが、2018年5月に、日本で缶酎ハイを発売することを発表しました。1980年代にアメリカのワイン事業から撤退して以来、同社としては30年以上ぶりのアルコールへのチャレンジです）。

このように会社をその会社たらしめているアイデンティティや、人間の尊厳にかかわるような「譲れない一線」を正しく理解することは非常に重要です。

これは問題解決の文脈では、「制約」があるということを意味します。たとえば先述したコカ・コーラですが、筆者はかつて日本のコカ・コーラのVIPに「某ビール会社を買収する計画はないのですか？」と尋ねたことがあります。営業や物流などでシナジーが効くので、拡販やコストダウンに効きそうとの仮説からです。返ってきた答えはこうでした。「雑談で話が出たことはあるけど、アトランタ（本社）がたぶんイエスと言わないさ」。それくらい、当時はアルコール事業は選択肢になく、事業拡大上の制約だったのです。

「制約」にはこの他にも、よりテクニカルなものも多々あります。具体例としては時期や時間、フォーマットなどです。たとえば、1年に1度は監督機関向けの報告書を作らざるをえなければ、これは制約になります。

制約は、逃れにくいものもあれば、何とか工夫することで

回避できるものもあります。問題解決に当たっては、その制約の大小や融通が効く・効かないといった点も正しく認識する必要があるのです。

column　ノックアウトファクター

　通常、問題解決のアクションの選択肢を比較する場合には、評価項目ごとに重みづけをした上で、それぞれの項目を各選択肢がどのくらい満たしているのかを評価し、それを総合して最も効果的な施策、言い換えれば総合ポイントの高い施策を選んでいきます(図10参照)。施策同士に矛盾がなく、予算的にも許容範囲であれば複数の施策を同時に実施することでより高い効果を得ようとすることもあります。

▌図10　施策案を比較する

	効果	実現性	リスク	コスト	優先順位
	50%	20%	15%	15%	
A案	×	○	◎	◎	4
B案	◎	△	△	△	1
C案	◎	△	×	○	2
D案	△	×	◎	◎	3

評価項目と重みづけ

　ただしこの際、どれだけ総合ポイントが高くても、ある評価基準で×がついたら、その施策を外すということがあります。この評価基準のことをノックアウトファクターと呼びます。
　たとえば、「反社会的組織に付け込まれる可能性」や「従業員の雇用維持」で×がついたなら、その施策は諦めると

いうことです。ノックアウトファクターはその企業にとって、まさに譲れない一線を示す評価基準とも言えるものです。

キーワード
経営理念、コーポレートブランド、制約、ノックアウトファクター

行動する技術

スピード、リーダーシップ、チーム

問題解決の鍵は、
スピードと周りを巻き込むこと

　問題解決は、問題発見やソリューションの提案にとどまらず、実際にアクションが取られ、問題が解決して評価されるものです。

　その際の鍵は、スピードと、多くの人を巻き込むことです。

　まずスピードですが、拙速にならない限り、通常はスピーディに物事を進める方が、問題の拡大や「延焼」を防ぐことになり、高い効果をもたらします。特に変化の早い昨今のような時代には、その価値は大きいと言えます。Basic021 から Basic030 まではこの部分について触れていきます。

　他人に動いてもらうことの重要性は、説明するまでもないでしょう。スピード感を持って効果的なソリューションを考案したところで、最後に人が動いてくれなければ問題は解決しません。もちろん、自分だけで完結するような小さな問題もありますが、ビジネスにおいては、それはほんのわずかな比率を占めるにすぎず、ほとんどの重要な問題は他者の助けを必要とします。

　必然的に求められるのは、他者に対する説明責任や動機づけ、あるいは自分は正しい方向に向かっていると感じられる信念等々です。それなくして気前よく手伝ってくれる奇

特な人は少ないでしょう。これらについては Basic031 から Basic033 で解説します。

　問題解決を実効あるものにするためにも、これらの基本を身につけたいものです。

021 分割して対処せよ

大きな問題に直面したときは、問題を細分化し、そのひとつひとつを解決するようにしなさい

解説

これは、鉄鋼王アンドリュー・カーネギーの言葉です。

細分化は Basic002 でも触れた通り問題解決の基本中の基本です。その中でも往々にして細分化が甘くなり、かえってスピードを削ぐことにつながりやすいのが最後の HOW（アクション）の部分です。ここでは、そこに絞って議論しましょう。

アクション部分の細分化が甘くなる理由としては、以下のようなものがあります。

①問題のありかが見えてきたので最後の詰めが甘くなる
②自分ですべて対応できると考えやすい
③人に依頼することでコミュニケーションコストが発生するため、かえって時間がかかったり面倒に映ってしまう

④自分の手柄にしたいという欲求が働く

　最初から自分だけでは手に負えないような問題であれば、人の力を借りたり、チームで動こうという発想は出てきやすいものですし、依頼をすることに躊躇もありません。

　しかし、多くのビジネスパーソンは、なまじ自分で解決できそうな問題だとわかると、取るべきアクションを細かくブレークダウンしたり精査しないまま、自分で抱え込んでしまう傾向があります。

　これは、結果として問題解決の効率が悪くなる、あるいは他者のスキルが伸びない（特にマネジャーが自分で抱え込んでしまう場合）といった、好ましくない結果をもたらします。後者は特にマネジャーとしてはやってはいけない方法です。

　問題解決とは、目の前の問題を解決さえすればいいというものではありません。チームメンバーの力を上げたり、方法論を言語化して再現性を高めるなども、中・長期の生産性を高める上では考えるべきポイントです。後輩や部下を持つビジネスパーソンが心すべき点と言えるでしょう。

キーワード
コミュニケーションコスト、再現性

Basic

022 拙速を避けつつ
俊敏に決める

意思決定のスピードは
必ず業績に反映される

解説

　昨今のような変化の速い時代においては、何事もスピードがビジネスの成否に影響を与えます。また通常、ビジネスには相手がおり、相手のタイミングに合わなければ、成就するはずだった成果（例：提携の契約など）が水に流れてしまう可能性も小さくありません。

　特に意思決定、すなわち何かを決めるときのスピードは、人や組織にとって差が出やすい要素の1つであり、ちょっとのタイミングの遅れが決定的な差をもたらすこともあります。その重要性を指摘する冒頭の言葉は、武田薬品工業前会長の長谷川閑史氏によるものです。

　時間をかけて考えたり議論して結論が変わるならまだしも、結局同じ結論に至るなら、当然、速い方がいいのは論を待ちません。ではそれを妨げるものは何でしょうか？

Chapter
3
⌄

問題解決の基礎

見きわめる

行動する

視点を変える

失敗に学ぶ

課題設定

　1つ目は会社の意思決定ルールの問題です。「○○については△△の手順や会議体で決める」というルールがあるなら、組織人としてそこから逸脱するのは難しいでしょう。ただし、それに従うと商機を失うようなら、新しい仕組みを提案したり、特例案件として速く進めてもらうように促すなど方法はあります。「ルールだから仕方ない」という発想をしてしまうのは思考停止状態であり、好ましい姿ではありません。

　2つ目は、社内に反対者がいて、その説得や根回しに時間がかかるというものです。これは意思決定後の実行の段階のことを考えれば致し方ない部分もありますが、それでも過度に時間をかけ過ぎるのは好ましくありません。社内の事情に常日頃からアンテナを張り、「最低限、□□さんと☆☆さんを押さえればこの案件は前に進む」といったセンスを持っておきたいものです。

　3つ目は、個人や組織としてのスピードに対する感度の弱さです。特に、それまで業界に大きな変化がなかったり、グローバルの意思決定の速いライバルと戦ってこなかった企業や個人は、スピードの価値をなかなか理解できません。逆に言えば、スピードというものは、それが必要とされないと、なかなか意識に上らないのです。

　これをクリアするのは容易ではありませんが、トップや、スピードを要求される個人や部署からどんどん社内に向けて発信するなどの啓蒙活動が必要となります。

キーワード
意思決定ルール、会議体、思考停止、根回し

Basic

023

ミクロの集積が
価値を生む

2つのピザを
分けあえるくらいの人数で
顧客の問題を解決する

解説

アマゾンにはツーピザルールと呼ばれる独自の問題解決の
ポリシーがあります。つまり、顧客からの要望などに対し、
ピザ2枚を分かちあえるくらいの人数、すなわち4〜6人
のチームでスピーディに問題解決に当たるというものです。

なぜその人数なのかという点にはいろいろ説がありますが、
CEOであるジェフ・ベゾスの「**コミュニケーションは人数が
増えるとかえって非効率になる**」というポリシーゆえという
説がよく言われています。

アマゾンのビジネスのスタイルは、とにかく顧客中心で徹
底的に利便性を高めるようにあるべき姿を描き、それをス
ピード感を持って実現していくというものです。顧客の声に
愚直に耳を傾け、改良を積み重ね、パッチをあてることで顧

Chapter
3
⌄

問題解決の基礎

見きわめる

行動する

視点を変える

失敗に学ぶ

課題設定

客にeコマースの中で常に圧倒的な利便性を提供していくのです。

　よく**集合知**という言葉が使われます。人間の数が増えればそれだけより効果的な意見が出る可能性が高まるということです。ただ、これはこれで間違いではないのですが、問題解決は良い意見を出せば完結するものではなく、最後までやり抜くことが重要です。そのときに人数が多すぎることは、スピード感や意識合わせなどの面であまり良い結果をもたらさないことも多いのです。

　マネジメントコンサルティングなども、（プロジェクトの大きさにもよりますが）やはり実動部隊は4〜6人というケースが多いものです。

　スピード重視の昨今、組織全体もさることながら、ミクロレベルでの問題解決の集積が大きな成果につながります。その観点からも、アマゾンのツーピザルールは応用の可能性を大いに秘めているのではないでしょうか。

キーワード
コミュニケーションコスト、集合知

Basic

024 何事も最初が肝心

初動がすべての鍵

解説

　冒頭の言葉は警視庁などで使われているものです。たとえば警察の刑事事件の捜査であれば、問題解決（この場合は事件解決）が遅れれば遅れるほど、①犯人がさらなる犯罪を重ねる可能性がある、②被害者の不安や疑念が消えない（捜査の協力を得にくくなる）、③証拠品や人々の記憶が劣化する、④割ける人材や予算が減る、などのデメリットが生じます。

　だからこそ、早い段階から仮説を持ちながら、当たりをつけつつ証拠集めをしたり、優先順位をつけた役割分担をした初動が大切になるのです。

　ビジネスでもこの点は変わりません。「不良品の出荷停止・回収」や「大切なVIPを怒らせてしまった」などは、極力早めに解決したい課題です。

Chapter
3

問題解決の基礎

見きわめる

行動する

視点を変える

失敗に学ぶ

課題設定

ではどうすればこれを実現できるでしょうか？

第1に、Chapter2でも触れた早期の問題発見です。顧客に怒鳴られてから対応するのではなく、その兆候を早期に感じ取る感受性が必要となります。

第2は、仮説思考を意識してメリハリをつけることです。刑事捜査であれば、「このタイプの事件は、○○の可能性が高い」などと当たりをつけて聞き込みを行ったり証拠集めをするでしょう。それと同じことをビジネスでも行うのです。ただ、仮説を立てる際には過去の経験を用いながらも、過度に特定の事象に引っ張られないというバランス感覚が必要になってきます。

第3は、アクションのスピードです。考えることと行動を別々に行っていては遅いといった事態も最近は増えています。（もちろん考えなしに妄動することは避けつつも）フットワーク軽く、関係する人間とコミュニケーションをとり、どんどん問題解決を進めていく必要があります。

その際、仮に若い方であっても自分が当事者意識を持ってリーダーシップをとることが必要です。昨今ではリーダーシップやそれと対比されるフォロワーシップは、特定の人の役割ではなく、時と場合に応じて皆が果たしうる機能と考えられています。問題解決の中心に自分がいると思ったなら、どんどん周りを巻き込んでことを進めていく積極性が、近年非常に大切になっているのです。

キーワード
仮説、リーダーシップ、フォロワーシップ

025 初動を遅らせるのは
躊躇と忖度

悪い知らせであるほど、
それを伝えるには
努力が必要だ

解説

　この言葉を残したアンディ・グローブ氏は、今でもシリコンバレー流経営のお手本とされる名著『HIGH OUTPUT MANAGEMENT』（日経BP社）の著者としても名高い人物です。

　さて、問題解決に当たって、その中心人物やチームがスピーディな行動をとっているものとします。ただ往々にして、その問題解決の方向性を変えかねない新発見が見つかることもあります。本来であればそれを速やかに共有することで方向転換することが望ましいわけですが、問題解決のプロセスも後半に入ってくると、大きく路線を変えかねない新情報を新たに提供することに躊躇する人が一定比率で出てくるものです。特に、問題解決の中心人物が上司の場合、若い部下など

Chapter
3
⌄

問題解決の基礎

見きわめる

行動する

視点を変える

失敗に学ぶ

課題設定

は、そうした情報を上げることをためらう傾向にあります。

　すでに上司が確証バイアス（都合のいい情報しか耳に入れない、頭に入らないというバイアス）を持っており、無視されるかもしれないという思いもそこにあるでしょう。またそれ以上に、もし大きな方向転換が必要な場合、それまでにつぎ込んだ時間やエネルギーをもったいなく感じる結果、その新情報の意味合いを過小評価し、「まあ、伝えたところで大勢に影響はないか」などとセルフジャッジしてしまうわけです。

　しかし、過去につぎ込んだ時間や手間暇などは本来サンクコスト（すでに発生してしまったコストで、将来の選択肢によって変化しない）であり、未来の意思決定に影響させてはいけないものの典型です。ビジネスパーソンの役割は、最終的により良い問題解決をすることです。「人事考課上、上司にマイナスがつくのではないか」など忖度をしたくなる人もいるかもしれませんが、それはやはり好ましい行為ではありません。

　心理的なエネルギーは必要かもしれませんが、やはり上げるべき情報はしっかり上げる勇気を持つべきです。

キーワード
サンクコスト

026 情報は
適切な人に知らせよ

平時のステークホルダーと
有時のステークホルダーは
異なる

解説

　この言葉は、世界的なコミュニケーション・コンサルティング企業であるフライシュマン・ヒラードで用いられているものです。

　海外で飛行機事故などが起こると、ニュースでは「なお、乗客の中に日本人はいません」という伝え方をします。自国のことばかりを考えているようで「なんだかなあ」と思われる方も多いかもしれませんが、実はこうした報道には別の目的があります。それは、たとえばその飛行機に乗っている可能性がある日本人の家族や知人から大使館やエアラインにたくさん問い合わせが行ってしまうので、それを避ける狙いがあるのです。

　さて、平時のステークホルダーとは、従業員や顧客など、

Chapter
3
⌄

問題解決の基礎

見きわめる

行動する

視点を変える

失敗に学ぶ

課題設定

通常のステークホルダーのことを指します。しかし、トラブルの種類によっては、ステークホルダーは大きく変化します。それが有事の(大きなトラブルの際の)ステークホルダーです。

たとえば家電メーカーが自社の製品に不具合があり、場合によっては発火に至ることを発見したとします。家電メーカーのように大量の製品を販売している場合、すべての購買顧客を個別に把握することは不可能になります。となると「自社の当該製品を買った可能性のある人」、言い換えれば国民全体がこの場合、情報を伝えるべきステークホルダーになるのです(厳密には訪日外国人も含まれますが、ここでは捨象します)。そこで、メディアに協力を仰いでCMやニュースで情報を伝えたり、自社のホームページのトップ画面にその情報が目立つようにしたりするのです(実際、かつてパナソニックは、かなり長期間、そうした情報をトップページに置いていました)。

会社は、こうしたトラブルやリコールなどは避けたいものです。しかし、会社というものは社会の公器でもあります。その時々の状況に合わせ、社会に混乱を招かないように、しかるべき人にしっかり情報共有する姿勢は、社会の一員でもある企業にとって、問題を無駄に大きくしない上でも必要な態度です。

キーワード
ステークホルダー

Basic

027 急がば回れ

最大の過ちは
自分1人で問題を
解決しようとすることである

解説

　筆者もかつてメーカーで営業を行っていたことがあり、客先でちょっとした機器の調整や顧客からの使い方に関する質問対応などをしていたことがあります。

　そのときに時々やってしまったミスが、顧客にせかされてその場でトラブルをすべて解決しようとしたことです。人間というものは多少時間がある場合には「これは自分だけで対応できる」「これは自分の手には負えない」といった判断を比較的しやすいのですが、目の前の顧客にせかされてしまうと、彼らの信を失いたくないという思いから、本来自分が得意ではないことも含めて対応してしまおうとすることがあります。なまじマニュアルなどがあると、ますますその傾向は強くなります。その結果どうなるかというと、かえって問題解決の効率が落ち、顧客の不興を買うということになってし

まいます。幸い近年はスマートフォンやメールが発達し、仲間にヘルプを求めることはしやすくなっています（個人的に弁護をしておくと、当時はまだ1人1台携帯電話を持つという時代ではなかったという事情もあります）。しかしそれでも、すぐにヘルプを得られないと、自分だけで何とかしてしまおうという人は多いものです。

そうしたときにまず確認したいのは、顧客がどの程度本当に急いでいるのかということです。「今すぐにトラブルシューティングしてほしい」とその場では言っていても、よくよく段取りを見直してもらうと、実は2日程度余裕があるということも多いものです。であれば、自分がすべてをやろうとして信頼を失うより、ちゃんとしたチーム体制で問題解決に当たる方がずっと効率的です。

逆の見方をすれば、何かトラブルが起きたとき、その軽重を見きわめ、どのくらいの時間軸で解決してもらえば十分なのかをしっかり把握することも、他者に問題解決を任せる場合には非常に大切です。

冒頭の言葉は顧客重視で知られたEMC（現在は経営統合してDell EMC）で用いられていた言葉です。

キーワード
段取り、時間軸

028　複数の選択肢なき
問題解決はない

解決案が一つしか
見つからなければ、それは、
先入観に理屈をつけたに
すぎないものと疑うべきである

解説

　これは経営学の泰斗、ピーター・ドラッカーの言葉です。

　人間は経験に学ぶ動物であり、急いでいるときほど、とっさの判断で問題解決の方法を決め打ちしてしまう傾向があります。小さな問題であればそれでも別にかまいません。たとえば電車が遅れているときに、別の最短ルートに乗り換えるというのはむしろ合理的であり、結果もついてきます。

　問題は、ある程度複雑な問題なのにもかかわらず、何らかの事情から決め打ちをし、かえって回り道をしてしまうことです。たとえば部下のAさんとBさんの関係が悪く、職場の雰囲気を大きく損ねていたとします。これはやはり早期に解決したい問題でしょう。本来であればなぜそのような事態になっているのか、現在の事情やそれを引き起こした原因を把握し、複数の選択肢の中から最も効果的でダメージの小さ

Chapter
3

問題解決の基礎

見きわめる

行動する

視点を変える

失敗に学ぶ

課題設定

なアクションを打つべきなのでしょう。しかし往々にして人間は、偏った意見から決断を下しがちです。

　この例でいえば、たまたま自分とＡさんが接する時間も長く、かつ知人である期間が長ければ、Ａさんに肩入れしてしまい、Ｂさんを異動させるように上司に依頼するなどのアクションをとってしまうかもしれません。本人からすればそれしかないような問題解決策に見えて、いざメタレベル（自分を客観視した上位のレベル）で冷静に見れば、非常に限定された範囲でしか物事を考えていないのです。

　筆者はかつて、先輩などに「他の代案（戦略的代替案）は？」と聞かれて答えられず、いかに自分が狭い範囲でしか考えていなかったのかを思い知らされたことがあります。そうしたアドバイスやコーチングをしてくれる先輩などがいるといいのですが、多くの人はそのような環境にいません。そうした場合、信頼できる他人に意見を求めるのは有効です。彼らはしばしば自分が気がついていない視点を提供してくれます。

　また、急いでいて視野狭窄になりがちだからこそ、一呼吸おいて自分をメタレベルで観察することも非常に効果的です。**メタ思考**は勝手につくものではありませんので、時々意識的に、「自分の視点は偏っていないか？」「自分の情報源はバランスが取れているか？」などと自問すると効果的です。

　また、「なぜあのとき、あのアイデアが出なかったのか？」といった内省も効果的ですので、時間的な余裕がある際などに冷静に振り返ってみるといいでしょう。

キーワード
代案（戦略的代替案）、メタ思考、内省

標準とオリジナルを
最適ミックスする

共通の知見・手法＋
クリエイティブな部分が
独自解につながる

解説

　問題解決のプロである大手のコンサルティングファームには通常、業界やテーマに沿ったナレッジ共有の仕組みがあります（冒頭の言葉はボストン・コンサルティング・グループのサイトにあったものです）。具体的には緩いマトリクス組織（国と事業など、2つの軸の掛け算でできた組織）やプラクティスグループ（プロジェクトの実行だけではなく、知識とノウハウの集積も意識して組成されるチーム）等々です。クライアントから新しい依頼を受けた際に、そこに累積された知見や標準プロセスを利用することは、一から問題解決に取り組むよりも当然、問題解決のスピードアップや質の向上につながります。これは一般の企業においても同様です。

　一方で、そうしてまとめられたマニュアル（手順書）やテンプレート（ひな型）を四角四面に常に用いることが、必ず

Chapter
3

問題解決の基礎

見きわめる

行動する

視点を変える

失敗に学ぶ

課題設定

しも適切ではないこともあります。解決すべき問題には必ずその問題固有の特性とでも言うべき事情があるからです。

そこで必要になるのが個々の問題における応用です。どうすればそれが可能になるのでしょうか?

まずはそのマニュアルやテンプレートを理解することと、その背景についても思いを巡らせることです。「このマニュアルはおそらくこのような前提を用いている」という仮説を持つだけでも応用力は上がるものです。

また、そうしたマニュアルには通常、さまざまなシーンごとの対応も書かれていることが多いので、それを「なぜここではこうなのか?」という問題意識を持ちながら一覧しておくことも有効です。

その上で、「平均的」な場合と、個別の問題の差異を見きわめ、自分なりにどうすれば良いかを考えます。これはある程度の経験が必要ですが、平均事例と個別事例のどこに最も大きな差異があるのかを見きわめると、効果的な解にたどりつきやすくなります。そこにChapter4「視点を変える技術」で紹介する視点の転換も盛り込むと、非常にユニークなソリューションが生まれます。また、自分の強みを活かしやすい差異のある箇所に注目し、そこで価値を出すのも1つの方法です。

マニュアルやテンプレートは使い倒すもので、自分が使い回されるものではありません。それらがあることで油断することなく、自分でしっかり考え抜く癖をつけることが大切です。

キーワード
ナレッジ共有、マトリクス組織、プラクティスグループ、マニュアル、テンプレート、前提

Basic

030　速いだけでは不十分

「より多くのこと」を
「より速く」

解説

　この言葉を1つの指針にしているグーグルは、世界中の企業がお手本とするエクセレントカンパニーです。グーグルはさまざまな仕事術を開発してきたことでも有名ですが、ここでは「より多くのこと」を「より速く」行う手法としてSPRINTを紹介しましょう。シリコンバレーの企業がベンチマークにしている手法でもあります。詳細は『SPRINT 最速仕事術』(ジェイク・ナップ他著、ダイヤモンド社)に詳しいのですが、エッセンスを挙げると以下のようになります。

・7人以下の専門家の精鋭を集め、5日で結果を出す。そのための時間やスペースを確保する
・曜日ごとに何をするかが決まっている(ソリューションを決めるのが水曜日、プロトタイプを作るのは木曜日など)

図1 SPRINTの典型的流れ

1日目	2日目	3日目	4日目	5日目
課題設定・分析	アイデア出し	アイデア評価、決定	プロトタイピング	検証、テスト
課題確認 データ分析 ヒアリング 課題再設定	アイデア出し ストーリー作成	比較検討 リスク評価	デザイン プロトタイプ作成	ユーザー評価 瑕疵チェック

・個々人がソリューションを考え、それを持ち寄ることで最も適したソリューションを考える

5日で仕事の成果なんて出ないと思う方も多いかもしれませんが、「5日でやる」と決めて集中的に取り組めば結果はついてくる」というのが、グーグルが発見した事実でした。

SPRINTで特徴的なポイントの1つに、ソリューションは個々人が徹底的に考え、それを持ち寄るという点があります。

SPRINTは、グーグルの社員の特質や企業文化、クリアすべき課題の特性などがマッチしたからこそ機能したわけであり、あらゆる企業が簡単に真似できるわけではないかもしれません。

しかし、「役割分担も不明なままいつまでもダラダラ議論をしない」「目標を決めたら徹底的にそれに向けて皆が知恵を振り絞る」などは、ヒントになる部分も大きいのではないでしょうか。

キーワード
SPRINT、プロトタイピング

031 　動いてもらう
人間の立場に立つ

話をするときの主役は、
話し手ではなく、相手

解説

　この言葉はマネックス証券創業者の松本大氏によるものです。「コミュニケーションの効果は聞き手が決める」もよく言われることです。ここには、問題解決を進める上での説得や依頼なども含まれます。

　傍目には効果的な説得をしたと見えても、実際に相手が動いてくれなければ、それは良い説得ではなかったのです。

　これを避けるポイントは、**結局自分は何を解決したいのかという原点に立ち返る**ことです。

　常に相手の関心や説得のレバー（利得〔便益〕、規範〔価値観〕）を意識することが第一のポイントです。説得の琴線と言い換えることもできます。

　また、人間は一人ひとり異なるという基本に立ち返ること

も大事です。数万人の従業員を抱える社長の立場ではさすがに一人ひとりに異なるコミュニケーションをすることはできませんが、通常のビジネスパーソンであれば、数人の相手に異なるコミュニケーションを行うことは可能です。「面倒だから」という理由でそれをサボると、結局は手痛いしっぺ返しが来る可能性があることは意識しておきたいものです。質問を投げかけて理解度を確認したり、相手の表情から前向き度合いを読み取るなどの地道な工夫が功を奏します。

---

column 「言った」はコミュニケーションではない

コミュニケーションの苦手な人は、往々にしてとりあえず「言った」ということをもって伝えたことのアリバイにする傾向があります。それでは当然人は動きません。ぜひ図12の言い習わしの例を意識し、最低でも Convinced（納得された）の状態、可能ならば最後の Action taken（行動がとられた）を目指しましょう。

図12 コミュニケーションの齟齬

Said（言った）	≠	Heard（聞こえた）
Heard（聞こえた）	≠	Listened（聴かれた）
Listened（聴かれた）	≠	Understood（理解された）
Understood（理解された）	≠	Agreed（同意された）
Agreed（同意された）	≠	Convinced（納得された）
Convinced（納得された）	≠	Action taken（行動がとられた）

キーワード
説得のレバー、利得、規範

Basic

032 自分一人では
何もできない

仲間を助ける力を持て。
仲間に助けてもらう勇気を持て

解説

　表題の言葉は、リクルートの文化を形成した江副浩正氏によるものです。彼は、独自のビジネスモデルもさることながら、強力な組織文化を作り上げ、次々に人材を輩出するリクルートという唯一無二の組織を作った起業家です。

　人間は往々にして自分を過大評価しますし、他人に弱みは見せたくないと思う心理も働きがちです。

　しかし、これはやはり損です。むしろ自分の苦手をさらけ出し、そこは助けてもらう。逆に相手の苦手な部分は助けてあげるというWin–Winの関係を築くことが、実は大きな課題を解決することにもつながるのです。

　歴史上の人物でいえば、所得倍増計画の池田勇人首相がそのタイプでした。放言癖など隙が大いにあったことがむしろ「この人を助けてあげたい」と人を引き付けました。そして

後に総理大臣となる大平正芳、鈴木善幸、宮沢喜一など、非常に優秀な弟子を得ることにつながったのです。

企業人でいえば本田宗一郎もそうかもしれません。彼は技術と会社のビジョンのことは語りますが、営業やバックオフィスの事務は苦手です。そこは右腕の藤沢武夫氏に完全に任せていました。そして自分の人となりを前面に出し、多くのサポーターを得たのです。

ちなみに、架空の人物ですが、「ワンピース」の主人公、ルフィも、「俺は一人では生きていけない」とかなり初期から公言し、その発想ゆえに良き仲間を増やしています。海賊王になるという壮大な野望を掲げながら、自分のできることとできないことをしっかり峻別できている点が非常に印象的です。

ビジネスパーソンである以上、人に助けてもらうことは絶対に必要です。自身に「この人を助けてあげたい」と思わせるチャーム・ポイントや常日頃からの信頼があるか、ぜひ自問してみてください。

キーワード
組織文化、Win-Win

033　基本はPDCA

業績報告会を
しっかりやることが大事

解説

　稲盛和夫氏は京セラの創業者としてだけではなく、DDI（現KDDI）の創業者、そして日本航空の再生を担った経営者としても有名です。また、「アメーバシステム」と呼ばれる独自の組織運営・管理会計制度を発案し、他の企業にも伝授してきました。今や現代の「経営の神様」と言っても過言ではないでしょう。上記はその稲盛氏の言葉です。その稲盛氏が経営に当たって重視するのが業績報告会です。企業の業態や置かれたステージによっても異なりますが、多いときでは実働時間の十数％程度を業績報告会に充てるとも言われています。

　ポイントは、単なる形式的な報告会ではなく、以下のようなさまざまな役割を兼ねている点です。

・うまくできていない人間には、その原因を考えさせ、実効

あるアクションにつなげるよう叱咤激励する
・ できている人間は褒めることで承認欲求を満たすとともに、ベストプラクティスを共有する
・ 参加者である管理職には厳しい質問が飛んでくるので、自ずと自分のビジネスに対する緊張感、責任感が増す
・ 全社で業績報告会を行うことで組織全体としての一体感が生まれる。また部分最適の考え方をする人間が減り、全体最適を導きやすい
・ 経営者の判断をメッセージとして直接伝えることで、理念や戦略の徹底を細かく行える
・ PDCAをきめ細かく回せる
・ 組織にエネルギーを吹き込みやすい

　問題解決は具体的なアクションが見えてくると安心してしまい、実行面が「こなし仕事」的になる傾向が時々あります（コンサルティングなどでも、ソリューションを提示した段階で契約が切れてしまうと、その後の実行がグダグダになってしまい、見込んでいた結果が出ないことがあります）。
　どこまで稲盛氏のようなやり方を取り入れるかは、業態や組織文化の浸透度合い、マネジャー（特にその場の最高責任者）の力量によって変わってくるので一概には言えません。しかし問題解決が長期にわたる場合や困難が伴う場合、人々のエネルギーレベルが乱高下するような場合には、何かしらのエッセンスを取り入れることを検討してもいいでしょう。

キーワード
アメーバシステム、全体最適、PDCA

視点を変える技術

論理的思考、水平思考、イノベーション

それまでのものの見方を
変えてみよう

　問題解決はもちろん、ビジネスにおいてクリエイティブな
ソリューションを導き出すためによく言われるのが「視点を
変える」ということです。

　人間はどうしても、それまでのものの見方や発想法に縛ら
れてしまうものです。たとえば天動説が支配的だった時代に
は、その理論に基づくと説明しにくい事象でも、強引に理屈
をつけて説明をしていました。しかし、（宗教上の問題で定
着には時間がかかりましたが）地動説というものの見方をす
ることにより、あらゆる現象をロジカルに説明できるように
なったのです。

　ビジネスでも同様です。それまでの「当たり前」あるいは「当
たり前の考え方」に疑問を持ち、それを打ち破った人間が効
果的な問題解決をすることに成功してきたのです。たとえば、
「古本の目利きにはノウハウが必要」という常識を打ち破っ
たブックオフは、最近はアマゾンに押され気味とはいえ、中
古書販売ビジネスに大きな足跡を残しました。ダイソンの羽
なし扇風機も、「扇風機は羽を回して風を起こすもの」とい
う皆の常識を打ち破ったからこそ生まれた製品とも言えます。

　こうした発想法はなかなか簡単にはできないのですが、そ

れでもヒントはあります。本 Chapter では、そうした発想
をするためのいくつかのコツについて紹介します。

Chapter
4

問題解決の基礎

見きわめる

行動する

視点を変える

失敗に学ぶ

課題設定

Basic

034 ロジカルだけでは
限界がある

誰も気づかないような
答えを出すときに
ものをいうのは、
想像力や直感だ

解説

　問題解決においてロジカル・シンキングが役に立つのは間
違いありません。特に問題箇所をブレークダウンしたり、原
因を検討する、あるいは最終的な提案を文書やスライドの形
に落とし込み、人々に説明・説得する際に、ロジカル・シン
キングは非常に大きなパワーを発揮します。

「グローバルな共通語は英語ではなく、数字とロジックだ」
という言い習わしもある通り、普遍的で陳腐化しないスキル
であるという点も非常に重要です。

　一方で、ロジカル・シンキングが強ければ問題解決力が高
いかと言えば、強い相関はあるものの、正比例するというこ
とはありません。単純なアイデアの見落としを防いだりする
際にもロジカル・シンキングは有効ではあるのですが、時に
は「天啓」とも言えるひらめきがあって初めて有効なアクショ

Chapter
4

問題解決の基礎

見きわめる

行動する

視点を変える

失敗に学ぶ

課題設定

ンにつながるということも少なくありません。筆者自身、考えた挙句に「空から解が降ってきた」という感触を抱いたことも少なくありません。

　たとえば、阪急の始祖である小林一三が新サービスとして劇団を作ろうと考えた際、諸事情あって有名な役者などと契約できない中、若い（無名の）女性を中心とした劇団、しかも学校方式で自前で育てる歌劇団——現在の宝塚歌劇団——を発明したのは、やはり想像力や「これはいける」という直感があってのものでしょう。これはどれだけロジカルに考えてもなかなか出てくるアイデアではありません。

　そのことを示唆しているのが、コンサルタントの大前研一氏による冒頭の言葉です。

　世の中には水平思考に代表されるクリエイティブ・シンキング系のハウツー本も溢れていますが、それを読んだだけではひらめきは生まれません。常日頃から問題意識を持って考え続ける「準備」ができているからこそ、機会が生じ（あるいは気づき）、その際に粘りをもってさらに考え続けるからこそユニークなアイデアが「降ってくる」という側面がやはり大きいのです。

　グロービスには、信念は徹底的に考え抜いた末に至るものという考え方があります。最後の拠り所がロジックなのか直感なのかは別にしても、結局は考えること（一度やってみてそこからの学びを含めて再度考えることも含む）こそが効果的なアクションに結びつくことを忘れてはなりません。

キーワード
ロジカル・シンキング、水平思考、クリエイティブ・シンキング

Basic

035 「誰のため?」「何のため?」

問題そのものから
一時的に離れよ

解説

　人間には、目の前に問題があると、それを真正面から解決しようとする癖があります。しかし、それは必ずしも効果的でないことがあります。たとえば教えることを仕事としている人間が、板書の字が汚くて生徒が読みにくそうだから、綺麗に書く練習をするなどです。これはこれで有効な場合も多いのですが、「字が汚い」→「綺麗な字になるように練習する」では、「**コインの裏返し**」と呼ばれる延髄反射的な方法論になってしまい、効果的でないこともあります。

「コインの裏返し」には他に以下のような例があります。

・ パソコンのタイピングが遅い→練習して早くする
・ 夫婦の会話が少ない→とにかく喋ってみる
・ 子どもがスマホばかり見ている→スマホを取り上げる

そこで少し次元、レベル感を変えた方法論で、特に What（あるべき姿）や How（どのように）に別の視点を持ち込んで問題解決をしようという提案が多くなされています。その1つが GE のファンクショナル・アプローチです。

色や形、硬さといった製品・サービスの外形に注目するのではなく、文字通り（顧客にとっての）機能（ファンクション）から問題解決していこうという発想です。クレイトン・クリステンセン教授が提唱した顧客の **Jobs To Be Done**（顧客が片づけるべき用事）にも通じる考え方とも言えます。GE はこの手法を用い、数多くの新製品、新事業を生み出しました。

先ほどの板書の例で考えてみましょう。学生が求めているのは「綺麗な字」ではありません。基本的な欲求は知識の習得であり、その一環として板書という行為が生じているだけです。であればそもそも板書を極力減らすよう、パワーポイントなどで資料を作ってしまうというのは有効な対策でしょう。

また、どうしても板書しなくてはならないシーンでも、自分で書く必要は必ずしもありません。字の綺麗な学生を書記に指名することで書いてもらってもいいわけです。これは学生の理解度向上という副産物を生み出す可能性もあります。

目の前の問題に「コインの裏返し」的な短絡的な発想をしないためにも、問題から一時的に離れ、相手の視点（製品開発者なら顧客、人事部なら自社の社員など）に立って考えることは本質を捉える上で有効なのです。

キーワード
コインの裏返し、ファンクショナル・アプローチ、Jobs To Be Done

Basic

036　水平思考の定番

SCAMPERは、アイデアを生み出す質問のチェックリストだ

解説

　SCAMPERとは、ブレインストーミングを作ったアレックス・F・オズボーンによって提唱された9つのアイデア出しの方法をボブ・エバールが7つにまとめたものであり、視点を変える方法の定番とされています。

　SCAMPERは、「Substitute：入れ替える」「Combine：組み合わせる」「Adapt：当てはめる」「Modify：変更する」「Put to other Uses：他の用途に用いる」「Eliminate or Minify：排除・縮小する」「Rearrange or Reverse：並べ替え・逆転する」の頭文字をとったもので、問題解決では特にソリューションの提案で力を発揮します。

　それぞれの典型的な問い掛け、方法は右ページのようになります。

問題解決の基礎

見きわめる

行動する

視点を変える

失敗に学ぶ

課題設定

① Substitute：入れ替える

・一部を交換したり入れ替えるとどうなるか
・他のプロセスや手順に入れ替えるとどうなるか
・時間、場所、方法などを入れ替えるとどうなるか
・マインドセットを入れ替えるとどうなるか

② Combine：組み合わせる

・一部を組み合わせるとどうなるか
・用途を組み合わせるとどうなるか
・製品・サービスを組み合わせるとどうなるか

③ Adapt：当てはめる

・別のアイデアを当てはめるとどうなるか
・他業種のやり方を当てはめるとどうなるか
・類似のものを当てはめるとどうなるか

④ Modify：変更する

・大きく／小さくするとどうなるか
・強調するとどうなるか
・新しい要素を加えるとどうなるか

⑤ Put to other Uses：他の用途に用いる

・他のユーザーに使うとどうなるか
・使用目的を変えるとどうなるか
・業界を変えるとどうなるか

⑥ Eliminate or Minify：排除・縮小する

・構成要素を削除するとどうなるか
・ルールをなくすとどうなるか
・プロセスを排除するとどうなるか

⑦ Rearrange or Reverse：並べ替え・逆転する

・並び替えるとどうなるか
・逆から見るとどうなるか
・プロセスを変えるとどうなるか

たとえば、ビールの高い税率を回避しようとした発泡酒や第三のビールは、④の「Modify：変更する」の応用とも言えますし、歴史的ヒット商品のiPhoneは、②の「Combine：組み合わせる」を徹底的に追求した商品（iPod＋携帯電話＋小型パソコン）とも言えます。イノベーションはもともと「新結合」の意味ですから、②のCombineは特に重要です。

　吉見製作所の「竿中とおる君」は形状記憶合金でできた、釣り具にえさを取り付ける道具ですが、巻き爪に悩む消費者は、これをその治療に用いました。これは⑤「Put to other Uses：他の用途に用いる」の例と言えるでしょう。

　⑦「Rearrange or Reverse：並び替え・逆転する」では、在庫ロスや販売機会ロスを減らすために開発されたベネトンの「無地のアパレルをまず縫製してから染色する」という当時としては業界の常識破りのプロセスが有名です。

　過当競争を回避して競争のない新市場を創出する**ブルー・オーシャン戦略**なども、その発想の根源に視点の変更を含んでいます。この戦略では「取り除く」「思い切り減らす」「大胆に増やす」「付け加える」の４つの視点を重視していますが、これもSCAMPERの延長にあると見なすことができるのです。

問題解決の基礎

見きわめる

行動する

視点を変える

失敗に学ぶ

課題設定

column 自分の専門の枠を出る

　SCAMPERの「① Substitute: 入れ替える」「② Combine：組み合わせる」の発展版とも言えるのが、自分の専門分野の枠から出た解決法と組み合わせることです。

　通常、目の前に何か問題があった場合、エンジニアならば技術的手法で、政治家ならば法の改正などで問題を片付けようとするものです。自然な発想法ではありますが、これは往々にして解決策の効果を削いでしまいます。

　そこでたとえばエンジニアの場合、技術開発で当局の基準をクリアするのが難しい場合は、会社の別部門の人間にロビー活動をしてもらって基準を多少緩めるよう働き掛けることで技術的ハードルを下げ、「合わせ技」で問題を解決するといった発想が求められるのです。

　人事部の人間であれば、採用や研修だけで解決できない従業員のスキルレベルの問題をITの活用やリエンジニアリングによるプロセスの見直しで解決することを構想できれば効果はより大きなものになるかもしれません。

キーワード
イノベーション（新結合）、ブルー・オーシャン戦略、リエンジニアリング

037

目的が同じでも
前提は異なる

何らかの不調和が
存在する場合、
それは我々の認識のどこかが
間違っている可能性がある

解説

エリヤフ・ゴールドラット博士は、一連の『ザ・ゴール』シリーズ（ダイヤモンド社）で制約理論（TOC：ボトルネックを改善し、組織やシステムのパフォーマンス向上を実現するための理論）を紹介して有名になった方ですが、彼が好んで用いていたのがこの言葉です。元々は物理学者ニュートンの言葉とされます。

ゴールドラット博士は制約理論に代表されるオペレーショナルな問題解決だけではなく、人間の認識の相違がもたらす問題とその解決方法についても造詣が深く、「クラウド」と呼ばれる思考方法を編み出しました。これはIT用語のクラウドではなく、「もやっとかかった雲のようなものを晴らす」という意味から来ています。

なお、クラウドは組織間の別の人々の認識の差異を分析・

Chapter
4
⌄

問題解決の基礎

見きわめる

行動する

視点を変える

失敗に学ぶ

課題設定

■図13 対立が起きている状態

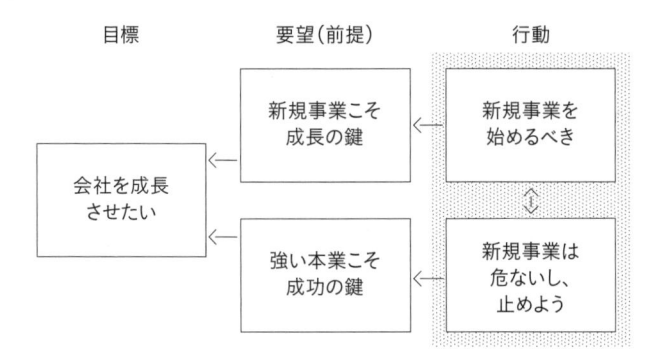

目標　　　　　　要望(前提)　　　　　　行動

会社を成長
させたい

新規事業こそ
成長の鍵

新規事業を
始めるべき

⇕

強い本業こそ
成功の鍵

新規事業は
危ないし、
止めよう

解消するツールとしても使え、個人の心の中の葛藤を解消するためにも用いることが可能です。ここでは前者を例に考えてみましょう。

　図13に示したように、ビジネスでは同じ目的、目標を共有しているにもかかわらず、しばしば対立が起こります。クラウドは、その根源的な認識の差異を理解し、それを埋めていく方法です。

　まず上の方を見ると、「会社を成長させたい」という目標に対して、「新規事業こそ成長の鍵」→「新規事業を始めるべき」とつながっています。一方、下の枝は、「強い本業こそ成功の鍵」→「新規事業は危ないし、止めよう」とつながっています。どちらにも一理あるわけで、現時点ではこれが大きな対立を生んでいます。

　ここで斜めにたすき掛けしてみます。そうすると、「新規事業こそ成長の鍵」→「新規事業は危ないし、止めよう」という流れと、「強い本業こそ成功の鍵」→「新規事業を始め

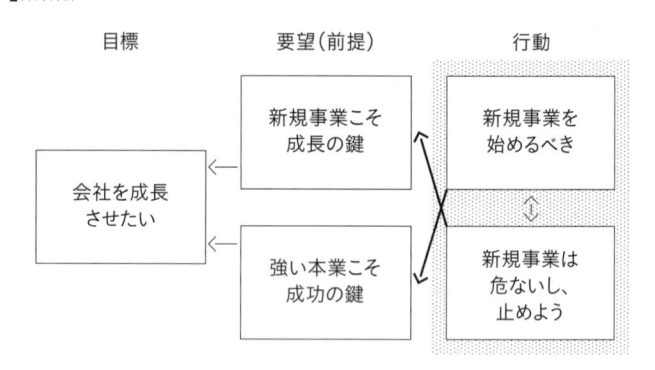

るべき」という流れが出てきます。その上で、それぞれの流れが難しい理由を考えてみます。前者であれば、「理屈はわかっていても、新規事業はなかなか成功しづらいし、多くの資金を浪費しかねない」、後者であれば「本業だって経営資源を投下しなければ衰退してしまう。新規事業に回せるか疑問」などの理由が出てくるでしょう。

　一見、ますます混乱するようですが、これを解消するようなやり方の変化はないでしょうか？　そこで知恵を絞ると、問題に対するよりクリエイティブな案が出てきます。

　図15は一例ですが、お互いに歩み寄ったものです（足して２で割る式の妥協はうまくいかないことが多いので、対立から止揚／アウフヘーベンするような発想が必要です）。

　今回は、１つ重要な行動ルールを定めました。それはシナジー（範囲の経済性）の徹底追求です。自社の強みをしっかり見据え、それが効果を発揮する事業をしっかり選べば失敗

■図15 新しい解決策に至る

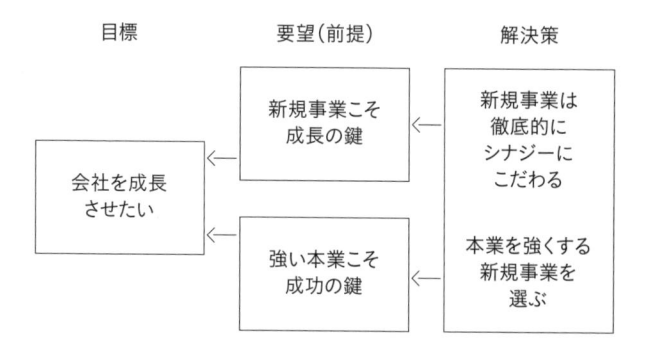

の確率は減ります。また、シナジーがしっかり働けば、新規
事業でのノウハウや事業経済性の向上が本業にも効いてきま
す（例：原材料の仕入れ量が増える結果、バイイングパワー
が増す）。これを徹底することで、「新規事業こそ成長の鍵」
と「強い本業こそ成功の鍵」が両立するようになるわけです。

　今回ご紹介したような話は、あちこちの会社で起きている
ことです。ぜひ根源的な認識の差異に気づき、両立を図りた
いものです。

キーワード
制約理論、クラウド、止揚（アウフヘーベン）、シナジー、事業経済性

038 リスクは他人にとらせよ

模倣は
最も穏当な
イノベーションである

解説

　このフレーズはポニー・マー（テンセント創業者）の言葉です。独自性を出したいという人間の欲求や「ハイリスク−ハイリターン」の原則に反するようですが、「リスクテイクやそのリスクの検証は他人にしてもらい、自分はそれを俊敏に模倣しよう」というコピーキャット（戦略）は、状況によっては「ローリスク・ミドルリターン」や「ミドルリスク・ハイリターン」につながる有効な方法です。具体的には、その問題を解決した人間がまだ少ない場合、すなわち統計学的に言えばサンプル数が少なく、帰納的思考による示唆が導きにくい場合などに有効です。

　実際、ある研究によれば、**真の（最初の）イノベーターはビジネスとしてあまり成功しておらず、それを研究して改良したプレーヤーの方が良い成果を残している**ということです。

Chapter
4

問題解決の基礎

見きわめる

行動する

視点を変える

失敗に学ぶ

課題設定

これは新事業立ち上げのような大がかりな話でなくとも、業界や社内のちょっとした施策にも当てはまります。

　コピーキャットが有効な別の場面に、自分たちのリソースが相対的に劣る場合に、大手にリスクテイクをしてもらおうというケースがあります。

　たとえばセールスオートメーションシステムの導入などは、投資も必要になりますし、一定以上のノウハウも必要となります。それを小さな部署がいきなり始めるのは容易ではありません。そこで、他の大きな事業部が導入した結果を見て、それを改良しつつ、投資額も抑制するなどといったやり方が有効です。

　コピーキャットで成功する上での1つの鍵は、その徹底力にあります。コピーキャットで行くと決めたら、徹底的に他事例を研究し、それを分析して模倣すべきところを模倣するのです。どこまでオリジナリティを入れるかはケースにもよりますが、最初は自分の実力も理解した上で、高望みしすぎない方が賢明な場合が多いようです。

　模倣（Imitation）とイノベーション（Innovation）を足した造語に**イモベーション**（Immovation）というものがあります。良いものをしっかり模倣することは、時としてイノベーションのきっかけにもなるのです。

キーワード
コピーキャット、リスク、イモベーション

Basic

039 いきなり「なぜを5回」は
難しい

何がの後に
なぜが来る

解説

「なぜを5回問え」という言葉を聞かれた方は多いでしょう。多くの書籍でも紹介されている「トヨタ流問題解決」の基本思想の1つでもあります。大野耐一氏によって定式化されました。

その本質は、5回という回数そのものにあるのではなく、問題を引き起こしている「真因」を徹底的につきつめることにあります。真因を徹底的に掘り下げるからこそ、自ずと取るべきアクションも見えるというメリットもあります。

ただし、実際に「なぜを5回」を実践しようとしても難しいものがあります。問題解決の世界には、図2（21ページ）でも紹介した定番の流れがあります。実は、「なぜを5回」はこの3つ目のプロセスに関するものであり、本来はいきなり飛び付くべきものではないのです。

実際、トヨタ流問題解決でもまず「あるべき姿」を描き、そのギャップを特定するのですが、「なぜを5回」の言葉が有名になりすぎた結果、そもそも何が問題なのか（あるいはクリアすべき課題なのか）を問うことなく、いきなり「なぜ」に走ってしまって見当違いの結論に至る企業や人が多いのです。

そこでかつてリコーでは、違う発想をすることにしました。彼らは、トヨタで「なぜを5回」が比較的早い段階から使える理由として、トヨタでは「見える化（Basic005）」が進んでいるからと考えました。多くの会社では、見える化に取り組んでいるものの、トヨタほど進んでいる企業は稀です。そこで、まずはしっかり問題が何かを見きわめようということで、「何がの後になぜが来る」（TTY：whaT Then whY）を強調したのです。

多くの企業はどうしても、他社で効果を上げている有名なベストプラクティスをいち早く取り入れたくなるものです。しかし、その本質を理解しないまま、耳当たりのいい言葉だけを受け売りで取り入れても効果は出ません。
「何がの後になぜが来る」は、一歩引いて視点を変え、そうした落とし穴を避けた例としても注目されるものです。

キーワード
トヨタ流問題解決、真因、見える化

問題解決の基礎

見きわめる

行動する

視点を変える

失敗に学ぶ

課題設定

040 クリエイティビティは
合理に宿る

創造的な製品ほど
合理的問題解決が必要

解説

　製品やビジネスのタイプにもよりますが、創造的な問題解決の提案をしたとしても、それが実現可能でなくては、ただの夢物語にすぎません。それをリアルの形に結晶化させていくことが必要となります。

　その際にももちろん創造的な思考は必要になりますが、往々にして**合理的な思考の積み上げとの行き来が創造的ソリューションを実現させる**ことがあります。

　たとえばアップル（冒頭の言葉はアップル創業者スティーブ・ジョブズのものです）の iPod や iPhone は産業史に残るヒット製品と言えるでしょう。これらの製品では、デザインやユーザー・インターフェイス（UI）は犠牲にできないとなると、行き当たるのはコストと小型化のための技術の問

Chapter
4

問題解決の基礎

見きわめる

行動する

視点を変える

失敗に学ぶ

課題設定

題となります。

　そこをアップルは、大胆にパートナー企業の部品を使うことで解決してみせました。たとえば初期のiPodでは、一例として東芝製の高性能ハードディスクを大量に発注することで小型化とコストダウンを実現しました。

　iPhoneも、日本企業の部品が大量に用いられている製品です。特に初代のヒット以降は、村田製作所の最高レベルのコンデンサーなど、人気にものを言わせたバイイングパワーを駆使して高性能かつ低コストのトレードオフを解消しています。

　話を戻すと、それが可能だったのは、やはりデザインとUIに徹底的にこだわったからです。ここを妥協していては結局は数量も出なかったでしょうから、値段ももっと高額になり、悪循環に陥ってしまったかもしれません。

　創造的なソリューションも、リバースエンジニアリングをしていけば、個々の要素にブレークダウンできることが多いものです。もちろん個々の要素も素晴らしいレベルであることが多いのですが、それは徹底的に合理的に考えたからこそ生まれた可能性が高いのです。

　最終ソリューションのアイデアやコンセプトだけを聞いて（視て）「そんなのできっこない」と決めつけず、複数のエクセレンスの巧みな組み合わせが素晴らしい問題解決につながることも意識したいものです。

キーワード
創造的ソリューション、ユーザー・インターフェイス、リバースエンジニアリング

失敗に学ぶ技術

Chapter5

学習、再現性、ベストプラクティス

再現性こそが
ビジネスの鍵

　問題解決は、決して簡単なものではありません。当然、失敗もするでしょうし、時にはそれが大きな精神的ダメージにつながることもあるかもしれません。筆者自身も、いまだにトラウマのように夢に出てくる失敗経験は少なくありません。

　一方で、これは問題解決に限りませんが、失敗は成長の母でもあります。一度失敗をしたからこそ同じような失敗を繰り返さない、あるいは直前で「ハッ」と気が付き、さらなる失敗を回避できたという人は多いはずです。

　失敗に学び、次回から何かをより良く行うことは、人間にとって必須の営みなのです。

　学ぶべき対象は失敗に限りません。何かに成功したときも、その理由が必ずあるはずですから、それは学びになります。世の中にあるマニュアル集なども、ある意味、成功した理由の集大成であり、そのノウハウが詰まったものですから、やはり価値は大きいのです。

　さらに、失敗あるいは成功からの学びは、自分自身にとっても大事ですが、それを**組織の中で横展開したときに大きなパワーを発揮する**のは容易に想像がつくことでしょう。他人の成功や失敗に学び、自分が最初からうまくできるのであれ

ば、それに勝る効率アップはありません。

　本 Chapter では、前半は失敗、そして後半では成功に学び、それを組織の力にまで高める基本を紹介していきます。

Basic

041 シミュレーションを
活用せよ

紙の上でなら
何回失敗しても良い

解説

　これは新事業のビジネスプランの作成などでも語られる言葉ですが、ハーバード・ビジネススクール（HBS）などで用いられている（グロービスも採用している）ケースメソッドという学びの方法についてよく言及される言葉です。

　ケースメソッドは、狭義のケーススタディとはやや意味合いを異にします。ケースの中の主役になったつもりで考え、他人と議論する中で自分の分析の甘さ、主張の弱さ、見落としていた視点などに気づくことを主眼とします。

　HBSでは2年間に700ケースとも言われるケースをこなすことで、失敗（分析不足、経営理論の誤用など）に学び、より説得力の高い、問題解決に向けた主張をできるようにトレーニングしていきます。まさに紙の上での経営に関するシミュレーションと言えるでしょう。

　ケースメソッドの良い点は、どれだけ分析や打ち手の設計が甘く、説得力のない（時には頓珍漢な）発言をしたところで、金銭上のダメージはないということです。そしてある程度勘どころが掴めてきたら、実際に的を射たことも言えるようになります。これは、実力がない段階で拙速で行動するよりも、良い結果をもたらすことが多いのです。

　このことは、ビジネスプランや新しい施策のプラン作りでも同様です。最初は他人（特に専門家）から見れば隙だらけのプランであっても、他者とディスカッションしていく中で、ある程度は成功確率の高いものになっていきます。

　スピードが速くなり、**リーンスタートアップやピボット（方向転換）**が叫ばれる昨今、いつまでもプラン作りをしていてはいけないのは間違いありませんが、全く何もしないのは困りものです。人を巻き込むためにも、やはりある程度のプランをまとめておくことが通常は求められます。それを失敗しながらでも紙の上でできることには大きな価値があるのです。

　紙の上での失敗から学ぶ一番の難しさは、議論する相手の確保です。一定レベルのスキルや見識を持つ他者をできれば複数確保することが望まれます。

　これは上司に頼りきりにするわけにもいきません。社内で議論できる先輩を探す、社外でネットワークを積極的に作るなどすることで、自分で確保するしかないという自覚は持っておく方がいいでしょう。

キーワード
ビジネスプラン、ケースメソッド、シミュレーション、リーンスタートアップ、ピボット

042 　心底身につく教訓が
大事

信じられないほどの
大失敗の方が
学びは大きい

解説

　問題解決、課題解決に限らず、失敗から学ぶことはビジネスパーソンにとって不可欠の行為です。その中でも、多くの人にとっては、大失敗の方が学べることは多く、同じミスも繰り返しにくいと聞けば、うなずける部分が大きいのではないでしょうか。

　毎回大失敗ばかりしていては周りからの評価が下がってしまいますし、会社にリカバリー不能なダメージを与えてしまうようでは駄目ですが、会社にとっては許容範囲で、本人には堪えるような失敗は、人を注意深くし、賢明にするものです。特に、若い頃は視座がまだ低いので、会社にとっては大したダメージがないことでも本人は大きな失敗をしたと考えることが多く、学びの機会が豊富な時期と言えます。

Chapter
5
❤
問題解決の基礎

見きわめる

行動する

視点を変える

失敗に学ぶ

課題設定

　ちなみに、表題の言葉を残したスティーブ・ジョブズの大失敗は、自らが創業したアップルを一度追い出されたことでしょう。これはさすがのジョブズもかなり堪えた出来事だったはずですが、彼はそれに屈せず、組織や人というものについて学び、経営者として一皮むけたのです。そしてピクサーなどでの活躍が認められ、ついにアップルに暫定CEOとして復活します。そこからiMac、iPod、iPhoneと立て続けにヒットを出し、組織内におけるパワーを盤石にしていったのは皆さんご存じの通りです。これらの成功は、会社を追い出されるという大失敗に学び、組織でのパワー基盤の確立を着実に実行したおかげでもあるのです。

　ちなみに、人が大失敗をしやすいのは、新しいことにチャレンジしたときや、新しい環境に放り込まれたときです。これは言い方を変えれば、新しいタイプの問題解決にどんどんチャレンジするからこそ多少手痛い失敗をすることもあるということを示しています。後輩や部下を持つ人にとっては、彼／彼女の状況や実力を正しく把握しつつ、会社にとって大きなダメージにならない範囲でチャレンジさせ、スキルや知識の幅を広げつつ、学びを加速させるというのも大切な方法論なのです。

キーワード
パワー基盤

043

失敗は小さく、
成功は大きく

一勝九敗だからこそ、
ひとつの成功に深みがある

解説

『一勝九敗』（新潮社）はファーストリテイリング社長の柳
井正氏の書籍名です。ユニクロを擁し、今やカジュアルウェ
アでは盤石の地位を誇る同社も、かつては失敗の連続でした。

たとえばまだ山口県の紳士向け洋品店チェーン、小郡商事
だった時代には、婦人服に挑戦し、早々に失敗しました。婦
人服は流行が速い上にアイテム数が多く、在庫リスクも大き
いため、それまでの紳士服のノウハウが通用しなかったのです。

90年代になってカジュアルウェアに完全に舵を切った時
代にも、スポーツウェア専門の「スポクロ」、ファミリーカ
ジュアル専門の「ファミクロ」などの業態の店を出しました
が、全く採算に乗らず、すぐに撤退しています。

今や一大ブランドとなったユニクロも、84年の1号店出
店から90年頃までの時代は、人気のない（あるいは他店で

Chapter
5

問題解決の基礎

見きわめる

行動する

視点を変える

失敗に学ぶ

課題設定

売れ残って戻ってきた）ナショナルブランドの商品を現金で引き取り、安値で売るという「安かろう悪かろう」の商売でした。それを十数年かけて先鋭的なSPA（製造小売り）に進化させていったのです。

　柳井氏の特筆される点は、失敗は早期に見切り（失敗の被害を小さくし）、行けると感じたビジネスを徹底的に伸ばす（成功を大きなものにする）ことです。その結果、仮に数だけ数えれば一勝九敗でも、トータルとしては大成功になるというわけです。その中で、過去の失敗からの学びの累積が、失敗のダメージを最小限にするノウハウなどに結びついたことは想像に難くありません。

　これは実は日本のビジネスパーソンや企業が苦手にしている部分でもあります。さっさと見切るべき案件をずるずると続けてしまい、損失を大きくしてしまったり、必要な経営資源や時間を浪費してしまう。一方で、時間や経営資源を投入すべきものに投入しきれない。

「選択と集中」という言葉が繰り返し語られるようになってから久しいですが、まだまだそれを正しく実現できている人や組織は少ないのです。これは経営レベルでも、個々人の問題解決のレベルでもそうです。

　たとえば不確実性の高い新規事業や新しい手法の試験的施行などであれば、「撤退基準」（損切りライン）などをあらかじめ定め、より効率的に経営資源を配分し、問題解決を全体最適させることも必要といえるでしょう。

キーワード
SPA、選択と集中、撤退基準（損切りライン）

Basic

044 頭も心も脱皮せよ

チェンジ、
チャレンジ、
コンペティション

解説

「チェンジ、チャレンジ、コンペティション」(変化、挑戦、競争)は似鳥昭雄会長率いるニトリのモットーとして社員に求める行動規範であるとともに(同社ではこれを 3C と言います)、似鳥会長が社外の多くの人々、特に若い人に伝える言葉でもあります。

大事な点は、最初のチェンジの部分でしょう。挑戦や競争(負けないこと)を通じて自己変革を繰り返すことが必要です。似鳥会長はこれを「脱皮」に例えています。

「学ぶ」というとどうしても知識やノウハウの習得に目が行きがちですが、組織学習がメンタルモデルを重視していることからもわかるように、**学習のより重要な側面は、自らの意識やものの見方・考え方を変えていくことです。**

Chapter
5

問題解決の基礎

見きわめる

行動する

視点を変える

失敗に学ぶ

課題設定

　他者のアイデアに対してまずは粗を探すことが習慣だった人が、代案や改善点などを最初に考えるようになれば大きな進化であり、問題解決能力は向上します。

　似鳥会長は、大きな脱皮以上に、日々変わり続けることを訴えています。毎週1回「脱皮」すれば、年に52回脱皮することになる、それは大きく人を変えるという発想です。彼自身、30代頃までは失敗の連続で、そこからの学びが現在につながっているということのようです（彼の失敗については、日本経済新聞に掲載された「私の履歴書」が詳しいです）。

　ちなみに筆者の場合、一番価値観が変わったのは、数年間体調を崩して体が思うように動かない時期でした。失敗とは少し意味合いが異なりますが、やはりこうした経験は、意識やものの見方を大きく変えるのです。

　皆さんも、「学び」が狭い範囲の知識・ノウハウ習得にとどまっていないか、結果を出す上で必要な意識や態度の変容にまで至っているか、ぜひ振り返ってみてください。

キーワード
組織学習、メンタルモデル、意識変容、態度変容

Basic

045
人を責めても
何も解決しない

ミスを憎んで
人を憎まず

解説

　これは日本では先鋭的なホテル経営で著名な星野リゾートで用いられている言葉です。

　問題解決のプロセスを進めていくと、その原因や要改善箇所が特定の個人に行きついてしまうことは少なくありません。たとえば新聞社のある記者が「裏取り」を忘れることが続くと、「あいつは何なんだ、ミスばかりして」という話になるでしょう。

　ただ、こうしたとき、特定の個人を責めることは必ずしも良い結果をもたらしません。「被害」を被った関係者は一瞬溜飲が下がるかもしれませんが、必要以上に当人のやる気を削いだり、萎縮させることにもつながりかねないからです。

　そこで有効とされている発想が、あらゆるトラブルについて、その「犯人探し」をして個人を責めるのではなく、より

Chapter
5

問題解決の基礎

見きわめる

行動する

視点を変える

失敗に学ぶ

課題設定

視座を上げ、その**トラブルが発生した「システム」に注目する**というものです（Basic089 参照）。

たとえば工場で、ある人が特定のサインを見逃しがちだったとします。そこで個々人を責めるのではなく、なぜそのミスが特定の人々に集中するかを考えてみるのです。ひょっとしたら新人に対するマニュアルの不整備かもしれませんし、そのサインが身長 150cm 以下の人には見づらいのかもしれませんし、そもそも伝え方がそのタイプのサインでは不適切ということが判明するかもしれないのです。これらを改善した方がミスの防止につながり、再現性の高い問題解決につながることは言うまでもないでしょう。

ちなみにトヨタ流問題解決でも「犯人探し」は好まれず、むしろ「これはこういうミスを引き起こしやすい」という指摘をすることが推奨されています。同社では年間に数十万件の改善提案が上がってくると言われますが、その中には少なからず、特定の人にとってはミスしやすい構造の改善が含まれているのです。

特定の個人に着目するのではなく、システムの改善の方に注目することが有効なことは、星野リゾートやトヨタ自動車の優れたパフォーマンスからも想像できるでしょう。

皆さんの会社でも、システムの問題を個人に転嫁し、そこで思考停止している例はあるはずです。まずは身近なところからそれを探してどのように改善できるか考えてみると頭の訓練にもなり効果的です。

キーワード
システム、犯人探し、再現性、組織学習

046 問題解決を
組織の力にする

実体験は、
人を大きく変える力を
持っている

解説

　実践は闇雲に積めばいいわけではありません。また、冒頭の言葉を残された竹内弘高教授が言うように、実体験は人を大きく変えますが、全員に同じ経験をさせることはできません。

　そこで必要となってくる考え方が、実体験での学びを組織に定着させる工夫です。具体的には、個人の力はもちろん、組織の力とするために、誰かが実践で学んだことを暗黙知（経験や勘に基づく知識）に留めるのではなく形式知化（形式知は、言語や図示によって説明できる知識）したり、それを会社の中で共有するような仕組みを作るのです。

　竹内教授は、野中郁次郎教授とともに『知識創造企業』（東洋経済新報社）を著すなど、「ナレッジ」や「ナレッジ経営」分野の泰斗です。そして『知識創造企業』で広く知られるようになったのが、野中教授がすでに原形を作っていた SECI

図16 SECIモデル

出所：野中郁次郎、竹内弘高『知識創造企業』東洋経済新報社、1996年、p.72

モデルです。SECI モデルは、一般には組織における知識創造のモデルとして紹介されますが、問題解決やその定着の手法も知識の 1 つですから、SECI モデルを当てはめることは可能です。

　特に暗黙知の比率が高いとされる日本の組織においては、問題解決のナレッジ蓄積と実践は、まさに SECI モデルがうまく回っているか否かに大きく左右されます。そこでは表題に示した実体験やその積ませ方はもちろん、言語化の工夫であったり、さまざまな要素が求められてきます。

　社内のさまざまな問題解決に関して、SECI が正しく回っているか、スピード感は十分かなど、チェックしておきたいものです。そのためには、中途入社してきた社員に他社との差異を聞く、あるいは自社内の部署間でどのくらい差が生じているかを見るなどが効果的です。

キーワード
ナレッジ経営、暗黙知、形式知、SECIモデル

047　失敗からの学びは
前向きに

失敗に学ぶことは大事だが、いつまでも後悔しても無意味

解説

　多くの人は往々にして、反省の過程で必要以上に落ち込んでしまいます。このことは失敗からの学びの質を落とすとともに、中・長期にわたってモチベーションにも悪影響を与えます。

　グロービス代表の堀義人は、著書『創造と変革の技法』（東洋経済新報社）で以下の趣旨のことを語っています。起業家ならではのポジティブ・シンキングの部分もありますが、自己肯定感を高める上でも非常に効果的ですので参考にしてください。

・反省すべきことは反省してどこが良くなかったかを振り返り、なぜそうなったのか、どうすれば同じ失敗を繰り返さないかを考えて言語化して書き留め、フォルダーに入れて

Chapter
5

問題解決の基礎

見きわめる

行動する

視点を変える

失敗に学ぶ

課題設定

外部記憶化する。必要なタイミングが来たら、フォルダー
を引っ張り出し、振り返る。
・言語化するときは、前向きなアクションにつながる原則と
して書き残す。その結果、失敗は思い出さないが、学びの
ポイントは思い出すことができる。
・失敗や挫折、葛藤を思い出して後悔したところで、プラス
になることはない。失敗は些細なものと捉えて、前を向い
て歩んでしまった方が良い結果がついてくる。

いつもネガティブ・シンキング寄りの人が、いきなりポジ
ティブ・シンキングに変わることは難しいかもしれません。
しかし、常日頃の習慣が考え方を変えるという面は確かに存
在します。参考にできる部分から実践してみましょう。

キーワード
ポジティブ・シンキング、言語化、外部記憶化、ネガティブ・シンキング

048　成功からこそ
学べることがある

社員は会社の内外で
絶えずベストプラクティスを
探し求めるべし

解説

　本 Chapter のタイトルは「失敗に学ぶ技術」ですが、本項以降は、それと鏡の関係にある「成功から学ぶ技術」を軸に解説していきます。

　冒頭の言葉を残した GE 元社長のジャック・ウェルチは80 〜 90 年代を代表する著名経営者です。彼の打ち出した戦略（例：ナンバー 2 以内に入れる事業しかやらない）や、組織運営上のプラクティスや方針（例：ワークアウト、シックスシグマ）は世界中の経営者の注目を集めたものです。

　言わば彼自身が世界中の経営者のベンチマークになっていたわけですが、彼自身もベンチマークの重要性を冒頭の言葉で語っています（なお、ベストプラクティスとベンチマークは厳密には差異もありますが、ここではほぼ同義として議論します）。「応用できそうなものは徹底的に応用する」という

発想を全社員に徹底したところに、強力なリーダーでもあったウェルチの真骨頂が見て取れます。

　ところで、ベンチマークには注意点、落とし穴もあります。

　たとえば、複数のベンチマークを設定したときに、ベンチマーク同士の相性が悪いということもあります。例として行動重視のリクルート社の諸施策と、官庁の根回しによる合意形成手法はあまり相性は良くないでしょう。これを同時にベンチマークとして取り入れてしまうと混乱が予想されます。こうした事態を避けるためには、論理思考とイマジネーションの両方が必要となってきます。頭の中で動画イメージで状況を思い描くことがポイントとなります。

　また、他業界のやり方をベンチマークする場合、本当に自社に合うかの検討が不足しているとうまくいかないことがあります。たとえば新聞社の働き方を出版社がベンチマークするのはそれほどハードルは高くないかもしれません。隣接業界ですし、メンタリティも大きくは異ならないからです。しかし、IT企業のミーティングのやり方がいくら面白そうだからと言って、それを銀行や重厚長大企業にいきなり取り入れようとしても難しいでしょう。なぜその施策が機能しているのか、その前提を改めて検討することが必要です。

　その他にもいくつかの落とし穴はありますが、それを回避できればベンチマークはさまざまな問題解決を加速します。ぜひ効果的なベンチマーク収集と、活用の工夫をしましょう。

キーワード
ワークアウト、シックスシグマ、ベンチマーク

問題解決の基礎

見きわめる

行動する

視点を変える

失敗に学ぶ

課題設定

Basic

049　社内共有が
できているか?

横展はしたか?

解説

　横展とは横展開の略で、社内でのベストプラクティスを他
部門にも共有することを指します。**水平展開**とも言います。

　冒頭の言葉が当たり前のように社内で飛び交うトヨタでは、
ボトムアップで上がってくる改善提案が年間数十万件にも上
り、それを共有することで圧倒的な生産性の向上、莫大なコ
スト削減などを実現しています。

　ここでのポイントは、とにかくアイデアをたくさん出して
もらうように徹底されていることです。中には効果の出ない
ものもあるわけですが、それでマイナスの評価がつくことは
ありません。多くの改善提案を出すことが組織文化的にも制
度的にも推奨され、しかも効果のあるものは横展して当たり
前になっている点がトヨタの強みです。

　横展は多くの企業でも試みられていますが、トヨタほど効

Chapter
5

問題解決の基礎

見きわめる

行動する

視点を変える

失敗に学ぶ

課題設定

果をあげている会社はほとんどありません。その一番大きな
理由は徹底力の差です。あらゆる階層のスタッフが考え抜き
情報発信することを徹底するためには、理念の浸透から教育
制度の改定まで必要になるため、一朝一夕に真似できるもの
ではないのです。

　事業が多岐にわたることも横展を難しくします。トヨタは
事業規模は巨大ですが「自動車」という産業にほぼ特化した
組織です。だからこそ、車種や車格などは異なっていても、
比較的横展しやすいのです。

　一方、通常の企業は全く異なるタイプの事業を抱えている
ことも少なくありません。それにもかかわらず無理に横展し
ようとすると、Basic048でも触れたような文脈や前提の差
に起因するミスマッチが生じてしまい、かえって効率を落と
すことがあるのです。一度このようなことが起こると、「結
局向こうとこちらは違うから」という意識が強くなってしま
い、ますます横展に消極的になります。

　しかし、より高次の視点に立ち、本質的なプロセスなどを
刷新できれば、それは非常に大きな効果をもたらします。

　自社や自部門の事情なども踏まえながら、横展開すべきも
のの本質が何かを徹底的に考え、粘り強く推進していくこと
が必要と言えるでしょう。

キーワード
水平展開、徹底力

Basic

050 再現性の鍵は言語化

感覚だけでは
長続きしない

解説

　これはメジャーリーグで最も活躍した日本人選手、イチローの言葉です。

　長年いろいろなビジネスパーソンの方と接していると、コンスタントにレベルの高い問題解決をしている人の共通点が見えてきます。その1つが言語化、つまり文字にして学びを定着させることです。

　言語化には自分自身にそのスキルやメンタリティを定着させる効果に加え、さまざまな副次的効果もあります。

　まずは論理的に考える習慣がつきます。効果的な言語化には「なぜ？」や「他にどのようなやり方があったのか？」「他にどのような場面で使えるか？」という振り返りが必須になります。それは自ずと考える習慣を促し、さらには論理的思考力を向上させます。問題解決やその先の人の活用に論理思

Chapter
5

問題解決の基礎

見きわめる

行動する

視点を変える

失敗に学ぶ

課題設定

考は必須ですから、これは非常に重要な効果と言えるでしょう。

第2に、他者の指導や横展開がしやすくなります。教えることがうまい人は通常厚いノート（昨今はデジタル化している人も多いですが）を持っているものです。加えて「教えることは最も良い学びの機会である」という言葉があることからもわかるように、教えることで学びが深まる好循環が促されるきっかけにもなるのです。

言語化はメタレベルで自身や物事を見る訓練にもなります。問題解決においては、常により高い視座から問題構造を把握することが必要になりますので、それが鍛えられるという点も大きな効果をもたらします。

個人的にお勧めしたいのは、自分が言語化したものを構造化して1冊の書籍にまとめることです。ちょっとした冊子でも構いません。本を書く際に求められる重要なことが構造化です。**どのようなノウハウも適切に構造化されることで活用が容易になり、**構造化しようと考える過程で自分の学びをさらに精査するなど、頭がより整理されます。

昭和初期の哲学者にして教育者の森信三氏は「40歳までには1冊本を書くように」と学生に伝えたと言います。昨今はITの進化により、情報発信の手段も増えているので、言語化した学びを発信する機会などにもぜひ挑戦されるといいでしょう。それは必ずあなたの問題解決能力を高めるはずです。

キーワード
メタレベル、構造化

051 仕組みあってこその
再現性

見える化、
仕組み化、
組織風土

解説

　良品計画は優良企業ですが、一時期、不良在庫を大量に抱え、業績をかなり悪化させた時期がありました。その際に大ナタを振るって組織改革に当たったのが当時の松井忠三社長です。

　「見える化、仕組み化、組織風土」は、その際に彼が意識した３大ポイントです（ここでの組織風土は、組織文化の意味と考えてください）。

　この３つは組織変革のみならず、経営や問題解決全般に通じるものです。見える化と組織文化についてはすでにある程度話をしてきたので、本項では「仕組み化」について話をします。

　そもそも「仕組み」とは何でしょうか？　ここでは「再現

Chapter
5

問題解決の基礎

見きわめる

行動する

視点を変える

失敗に学ぶ

課題設定

性高く、同じ成果が出せるための決め事、構造、施策、工夫など」としておきます。

「仕組み」には多種多様なレイヤーがあり、経営マターになるものもあれば、個別の職場のちょっとした仕事の流儀なども含まれます。また、組織のどの機能（職能）に関する仕組みなのか、ソフト的な仕組みなのかハード的な仕組みなのかなど、さまざまな分類方法があります。

　ここでは典型的な分類例とそれに基づく仕組みの例を図に2つ示してみました。図18のBSCはバランススコアカード（Balanced Scorecard）の略です。4つの視点からKPIを設定し、戦略遂行、意識変革などを加速するツールとして広く用いられています。

　これらの図からもわかるように、仕組みには多種多様なものがあり、それぞれが重なり合って効果を発揮することがわ

図17 仕組みの分類例（1）：経営の階層に沿ったもの

経営の仕組み ——— 組織図、人事ルール、管理会計、IT、ガバナンス、会議体、意思決定ルール

価値創出の仕組み ——— バリューチェーン、ビジネスモデル、マーケティング、ブランド

オペレーションの仕組み ——— 情報共有、役割分担、働き方、現場での育成、マニュアル

個人が働く上での仕組み — 書くフォーマット、仕事場の工夫

図18 仕組みの分類例（2）：BSCの分類に沿ったもの

財務の仕組み	資金調達、投資意思決定、KPI(重要業績評価指標)
対顧客の仕組み	マーケティング、顧客満足度向上、顧客体験価値最大化
業務プロセスの仕組み	品質向上、歩留まり向上、リードタイム短縮
成長と学習の仕組み	研修、モチベーションアップ、組織ロイヤルティ

かります。うまく仕組みを作ることができれば、問題解決はもちろん、再現性高く業務を推進することができるようになります。逆に、どこかに非合理的な仕組みや、仕組み同士の非整合（例：リモートワークを推進しているのに、ITサポートに力を入れていない）があっては、再現性は生まれませんし、結局は属人的に動く組織になってしまいます。属人的に動くだけならまだしも、中・長期的に企業価値を削ぐような仕組みも少なくはありません。

　良き仕組みを作る早道はなかなかないのですが、ポイントは**丁寧な対話と一人ひとりの当事者意識**でしょう。「仕組みを作るのは上司の仕事で、自分は関係ない」と考えている人が多い組織では、仕組みがあってもなかなか再現性は高まりません。また、対話なくある仕組みを押し付けられても、それは形骸化していきます。

　どの仕組みを誰がしっかり作るべきかを考え、論理思考と

想像力を働かせ、対話を重ねながら仕組みに落とし込んでいく必要があるのです。

　たとえば若手であっても、会議の議事録は 24 時間中に作るというルールを提案するだけで、直接的・間接的に組織の問題解決力が強化されるかもしれません。

「仕組み」はあらゆる従業員の身近にあるものなのです。

キーワード
BSC、対話、当事者意識

Basic

052 成功を積ませる

勝てば勝つほど、あなたはもっと勝ちたくなる

解説

　人間は何事も一見難しそうなものには臆病になってしまうものです。特に、①自分ができそうにないことや、②仮に習得してもどう役に立てていいかわからないもの（言い換えると、利益実感が湧きにくいもの）に対しては、その傾向があります。

　経営大学院の科目でいえば、①の典型はリーダーシップであり、②の典型はファイナンスです。

　リーダーシップについて言えば、現代では誰もが学びうるスキルであるというのが経営学者の間では常識ですが、いまだに世の中の多くの人は「生得の資質によるもの」「一部のカリスマだけが発揮できるもの」と錯覚してしまい、その習得に及び腰になってしまっています。

　ファイナンスはビジネスリーダーであれば皆が身につけて

問題解決の基礎

見きわめる

行動する

視点を変える

失敗に学ぶ

課題設定

おくべき素養ですが、明日から自分の仕事ですぐに使うわけではないという点が、多くの人々に敬遠される一因になっています（より大きな理由は、数学・数字アレルギーなのでしょうが）。

　この観点からいうと、問題解決は①と②の両方の要素、特に①の要素を持ち合わせています。「素晴らしい問題解決ができるのは一部の頭のキレる人」という誤解は多いですし、どのような手法を使ったらいいかわからないという人も多いのです。

　問題解決の能力に対して利益実感を持ってもらうためには、「はじめに」でも述べたように、**問題解決とは単なるトラブルシューティングではなく、人生のあらゆる場面で応用可能なものだ**という意識を持ってもらうことです。

　また、スモールサクセスを積ませ、「自分にもできる！」という実感値を持ってもらうことも重要です。まずはシンプルな課題から挑戦させ、徐々に難易度を上げていくのがいいでしょう。

　なお冒頭の言葉は、オラクル創業者のラリー・エリソンによるものです。

キーワード
利益実感、スモールサクセス

053   実験できる場所を
確保せよ

伝統的組織に
シリコンバレーを作れ

解説

　多くの大企業ではいまだに人事評価において減点方式が採用されています。減点方式が絶対悪というわけではありませんが、これだけ変化が激しい時代には、前例主義に陥らない、大胆な問題解決の手法を試す必要はますます増えるでしょう。そこであまりに失敗を回避しようという行動を皆が取るのは好ましいことではありません。

　そこで1つの方法論として考えられるのが、既存の組織のルールや価値観に縛られない方法論を試してみる組織を作ることです。経営学者ゲーリー・ハメルは、冒頭の言葉でそのことを示唆しています。

　社内ベンチャーなどはその典型です。顧客の抱える問題解決の新しい方法を、既存組織の枠外で作ってしまうわけです。

問題解決の基礎

見きわめる

行動する

視点を変える

失敗に学ぶ

課題設定

　そこでは既存組織の判断軸やKPIはいったん忘れ、純粋に顧客の問題解決にフォーカスします。もちろん、成功が約束されたわけではありませんが、失敗しても責めることなく学びの機会と考えることが大切です。

　当然、そこでの学びは言語化され、次に引き継いでいきます。最初は失敗が多いかもしれませんが、学びは行動が伴って初めて意味を持つものです。失敗を恐れずにどんどんチャレンジする人が出てくるだけでも儲けものと言えます。

　社内ベンチャーでなくとも、グーグルや3Mのように一定の時間（15％ルール）を本来の仕事以外にも割いていいようにするという方法もあります。

　余裕がないとやや難しいかもしれませんが、いずれの手法をとるにしても、仕事に対する真剣度が低くては意味がありません。**自由の裏側には責任と規律が必要**です。自由度を与えながらも学ぶという責務をしっかり与え、また職場の緊張感を削がないような規律をしっかり持ってもらうことが大切です。

キーワード
社内ベンチャー、15％ルール、規律

Basic

054 歴史は巨大なアーカイブ

歴史に学べ

解説

　本 Chapter の最後に、歴史に学ぶということに触れたいと思います。これはさまざまな識者が言っているため、誰が最初かわからないくらいです。

　歴史とは、他者の失敗や成功の蓄積であり、巨大なアーカイブでもあります。**現在起きている問題と似たような問題はどこかで起きている可能性が**高く、それを活用したり参考にすることは効果的です。

　たとえば第一次大戦で敗れたドイツに対して戦勝国は巨額の賠償金を科しました。それがドイツ国民の生活を困窮に追いやり、ナチスの台頭のきっかけとなったことは有名です。第二次大戦後のアメリカはこの失敗に学び、日本に過酷な罰を科すのではなく、むしろ友好国となり、復興を手助けする道を選ぶことで自由主義国経済圏を広げていったのです。こ

Chapter
5

問題解決の基礎

見きわめる

行動する

視点を変える

失敗に学ぶ

課題設定

の事例は、ビジネスパーソンにとっても、たとえば打ちのめして吸収合併したライバルに対してどのような対応を取るべきかのヒントになりうる可能性があります。

あるいは、1920年代に施行された米国の禁酒法は、密造酒がマフィアの資金源となるなどの大きな副作用をもたらしました。人間の本性を無視した規制は実効性がなく、むしろ抜け道を作ってしまったりアングラ化してしまったりするリスクが高いという事実は、何かの規則を作る際には非常に参考になるでしょう。

「行為の意図せざる結果」も意識したいものです。ルターやカルヴァンは資本主義の土壌を醸成したくてプロテスタンティズムを広げたわけではないのですが、結果としてその精神が資本主義を加速することになりました。

ある施策の長期的な影響を予測することは難しいですが、視座を上げ、視野を広く取ることの重要性はわかるでしょう。

日本の例をとれば、山本七平氏の『「空気」の研究』（文藝春秋）や戸部良一氏（共著）の『失敗の本質――日本軍の組織論的研究』（ダイヤモンド社）などは考察も深く、日本の組織が陥りがちな罠をよく示してくれています。

歴史を学ぶことには、それ以外にも、自分のアイデンティティを確認したり、先人に対する畏敬と自分の責任を思い出させるなどの効果もあります。Chapter11で解説するシステム思考の題材にもなります。歴史はそもそも面白いものですので、楽しみながら学び、活用したいものです。

キーワード
実効性、行為の意図せざる結果、空気

課題設定の技術

Chapter6

あるべき姿、ビジョン

課題設定の鍵となる
「あるべき姿」

　問題や課題の種類にもよりますが、「あるべき姿」の設定こそが、問題解決・課題解決がうまくいくかの分水嶺になるというのが筆者の実感値であり、過去の経験から学んだことでもあります。

　図2（21ページ）にも示したように、「あるべき姿」の設定は問題解決の第一ステップに含まれてきます。それゆえ、その設定が後工程に大きく影響を与えるのです。

　この「あるべき姿」をより広義に捉えれば、起業家が想定する事業のビジョンや、交渉術におけるアスピレーションポイント（実現したい狙い）も「あるべき姿」に含まれてきます。起業家は実際にビジョン策定に多大な思考投入をするわけですが、それは**ビジョンこそが「協力したい」という人やお金を引きつけ、また人々のモチベーションを鼓舞する**ことをよく知っているからです。

　優れたネゴシエーターも、アスピレーションポイントを適切に設定することが、最終的に実りの大きな果実をもたらすことをよく知っています。

　問題解決も同様です。良き「あるべき姿」の設定は、単にプロセスの下工程に影響を与えるというだけではなく、ビジネスや社会の行く末を大きく左右するものなのです。

本 Chapter では、その「あるべき姿」の影響や設定方法についてのティップスをご紹介します。

Chapter
6

問題解決の基礎

見きわめる

行動する

視点を変える

失敗に学ぶ

課題設定

055 「あるべき姿」にも
種類がある

問題とは一言で言うと、
目標（あるべき姿）と
現状とのギャップである

解説

　これは、ノーベル経済学賞受賞者のハーバート・A・サイモンによる言葉です。

「あるべき姿」には大きく2種類のものがあります。

　1つ目の「あるべき姿」は過去の経験や実績、あるいは同業比較や常識から導かれる定常状態です。

　社員の欠勤率が過去10年間、概ね2.5％で推移している会社があり、業界水準も似た程度ならば、その数字をあるべき姿と捉えていいでしょう。急に5％などに急上昇しなければ定常状態にあると見なせます。

　2つ目のあるべき姿は、その時々の状況や個々人の考え方によって一律には決まらない目標地点です。典型は売上目標などです。よくあるケースとして、マネジメントは10％の

売上増を期待するのに対し、現場レベルでは5％がせいぜいということは多いでしょう。単に足して2で割ればいいわけではありませんので、お互いにその根拠をしっかり提示することで適切な落とし所を探っていかなくてはなりません。どちらかの意見が強く通り過ぎると、もう一方は通常不満を持つものだからです。

　難しいのは2つ目のあるべき姿の設定です。これをしっかり考え、関係者間で合意をとることが問題解決の効果を大きく左右すると言えるでしょう。これについては次項でもう少し詳しく述べます。

問題解決の基礎

見きわめる

行動する

視点を変える

失敗に学ぶ

課題設定

キーワード
定常状態

056 「あるべき姿」の備えるべき
要件とは

良い「あるべき姿」を
描くことが
問題解決の
精度を上げる

解説

　問題解決は課題解決という表現で語られることもあります。全く同意に用いられるケースもありますが、本書では概ね、問題とは元々想定していた「あるべき姿」とのギャップ、課題とは、問題解決に向けてのポジティブな方向性での取り組みを指すものとします（ソリューションそのものではなく、どう取り組むかという点に力点があります）。

　たとえば、「体重が目標体重より 10 キログラム重い」というのは問題、課題は「体重を◯◯の期間に 10 キロ減らす」となります。

　ここで難しいのは、「あるべき姿」は一律に決まるものではなく、それを適切に設定すること自体が、問題解決や課題解決に影響を与えるということです。

Chapter
6
〓

問題解決の基礎

見きわめる

行動する

視点を変える

失敗に学ぶ

課題設定

　前述の例でいえば、「目標体重より10キロ重くても健康で、外見もだらしなくない」というのもあるべき姿としては絶対的に悪いわけではないのです（実際、ダイエットが目的化して健康を害するということもありますので、安易な体重減は好ましくはありません）。

　では、適切なあるべき姿をどう描けばいいのでしょうか？ポイントは以下の５つです。

①関係者間で最大限の合意がある。１人だけにメリットやしわ寄せが偏らない
②適度なストレッチがあり、自分や組織の長期的成功に資する
③皆の思いが反映されている、ワクワクできる
④世の中の大きなトレンドやパラダイムシフトの方向性に乗っている
⑤実現可能性が高い

　先の体重の例でいえば、短期間で10キロ体重を落とすのは難しいでしょう。より高次の目的は健康や見た目ですから、「減量は１年に５キログラムとし、一方で生活習慣に気をつけて生活習慣病を避け、だらしなく見えないようにファッションなどにも気をつける」というのは１つの妥当性の高い「あるべき姿」です。

　実際のビジネスにおいて先の①から⑤を実現するには、以

下の条件がさらにベースとして必要になります。

・ 立ち返るべき企業のビジョンや経営理念、企業の存在目的（存在意義）がある
・ 世の中の変化に敏感で、未来をある程度共有できている
・ 自社の実力、強み・弱みが適切に関係者間で把握・共有されている

　現実に難しいのは、先の①から⑤のバランスについて、何を重視するかは人や組織によって大きく変わってくるという点です。たとえば大企業などは、①を重視するあまり、②、③が劣後してしまう傾向があります。

　実際に、最初はエッジの立った革新的な目標が、社内のコンセンサスを得る過程でどんどん角が取れてしまい、ワクワク感がなくなったというのはよく聞く話です。

　また、④や⑤についても、「未来の事実」というものはありませんから、当然、人によって見通しにバラつきが出てきます。その結果、平均的なところで妥協してしまい、本来望ましいあるべき姿からはずれが生じることがあるのです。人間はトータルとして見るとリスクを取るよりも回避したがる性質がありますから（好ましい方向へのずれよりも、好ましくない方向へのずれを過大に評価する）、一般的にはあるべき姿が保守的になりやすいのです。

　①から⑤の正しいバランスに、唯一の正解はありません。だからこそ、重要な問題になればなるほど、あらゆる情報を総動員し、未来に対する想像力を働かせ、対話を行い、①か

Chapter
6
問題解決の基礎

見きわめる

行動する

視点を変える

失敗に学ぶ

課題設定

ら⑤を高い次元で満たす「あるべき姿」を構想する必要があるのです。

　時にはその「あるべき姿」についてこられない人が落後する可能性もあります。しかし、それも過度でなければ問題解決のコストと割り切るリアリズムも重要です。

キーワード
ストレッチ、パラダイムシフト、リスク回避

057 「あるべき姿」が
スタートラインになる

何事も
ビジョンから

解説

　前項では、ビジョンがすでにあることを前提としましたが、企業や新事業のビジョンそのものを創る必要性がある場合もあります。大きくは2つの方法があります。

　1つは、リーダーの夢や理想をベースに、周囲の評価やディスカッションなどを経て作る方法、もう1つは、地道に情報を収集し、その分析を経て作り上げる方法です。2つを併用することも多々あります。

● リーダーの志からスタートする

　この方法は多くの企業で用いられていますが、弱点もあります。リーダーはえてして事業に対する思い入れが激しく、現実から離れすぎていたり、目指す事業の方向が必ずしも時代にあったものではなかったりするという点です。したがっ

Chapter
6

問題解決の基礎

見きわめる

行動する

視点を変える

失敗に学ぶ

課題設定

て、冷静な目でその夢を評価する「チェック機能」が必要です。

　また、この手法でビジョンを作る際には、公的意味合いも持たせるべく（その方が人々の協力を得やすい）、リーダーの人間性を高めることが必要になります。

●客観的情報からスタートする

　ボトムアップ型とも言えるこの手法では、対立を肯定的に活用することが大事になります。個人間の対立は、表面的であればあるほど、決して否定されるべきものではありません。対立を否定的に考えたり、回避するのではなく、意見や解釈の対立の中から新しいアイデアや意欲が生まれ、それが組織の方向性を明確にし、メンバーのビジョン共有を促進すると考えるバイタリティが必要となります。

　なお、この方法で集める基本情報ですが、まずはマクロ環境（政治、経済、社会、技術など）や市場動向、想定される競合の動きなどに関する情報にアンテナを張り、それらのトレンドがビジネスにどのような影響を与えるかを、想像力豊かに考えてみる必要があります。洞察力を働かせ、本質的に重要なポイントを早期に見きわめることが必要です。そうしたセンスを磨くためには、密度の高い経験を積んだり、良きアドバイザーを見つけることが近道です。

　また、自社の強みが何で、どこでそれが生きるかを徹底的に考えることも必要です。勝てる可能性が低いままではせっかくのビジョンが生きてこないことが多いからです。

キーワード
志、ボトムアップ、客観的情報、マクロ環境

Basic

058　プロジェクトは
最初が肝心

解いている問題を
変えよ

解説

「解いている問題を変える」――これはあるべき姿を見直すことのバリエーションの1つです。この発言をしたポール・グレアム氏はプログラマーであり、その立場から特に強調しているのは、ITプロジェクトの初期において、解決すべき課題をしっかり設定することです。

なぜなら、多くのプロジェクト、特にITプロジェクトが失敗する理由は、初期の課題設定にあるからです。より厳密に言えば、何をコンピュータに任せ、何を人間が請け負うかの分担が曖昧なままのITプロジェクトは往々にして立ち行かなくなります。専門用語でいえば、**要件定義**が曖昧なのです。

コンピュータに任せる部分についても、すべてを新システムでカバーする必要はなく、ある部分は手作業とエクセルによる管理の方が効率的かもしれないのに、すべてを新システ

Chapter
6

問題解決の基礎

見きわめる

行動する

視点を変える

失敗に学ぶ

ムに放り込もうとして混乱するケースも少なくないのです。

これは筆者らが上梓した『ビジネススクールで教えている武器としてのITスキル』（東洋経済新報社）でも強調したことですが、プログラムの良し悪しを決める重要なファクターは、まずは要件定義がしっかりしていること、そして適切なアルゴリズムです。適切なアルゴリズムとは、計算量が少なく、ユーザーを待たせることのないものと考えてください。

しかし、発注者側にはその意識がなく、「フェイスブックのような感じで」といった要求を出してしまうのです。フェイスブックが莫大な予算をかけ、優秀な人材を抱えているからこそ素晴らしいアルゴリズムが開発され、あの優れたインターフェイスが実現していることまで考えが至らないのです。

アルゴリズムは狭い意味ではコンピュータを用いた計算の筋道ですが、広い意味では仕事のダンドリを指します。良いダンドリこそが、問題解決をスムーズに進めさせるのです。

これを実現するためには、ITに全く素養がない人間が適当なイメージを抱いて後はベンダーに丸投げするのではなく、自社内である程度ITの素養がある人間を巻き込み、妥当性の高い落としどころをしっかり議論していく必要があります。

ITを問題解決に用いるシーンはこれから増えていきます。そのときに、ITを有効に活用した最も効率性の良いダンドリ、アルゴリズムを構想する力――テクノベート・シンキングを組織として実現できることが求められているのです。

キーワード
要件定義、アルゴリズム、計算量、テクノベート・シンキング

課題設定

059 発注者の根源的な動機を
見きわめる

アイスクリーム味の
チャーハンは作れない

解説

　冒頭の言葉は『予定通り進まないプロジェクトの進め方』（前田考歩、後藤洋平著、宣伝会議）の中にあるものです。

　我々はアイスクリーム味のチャーハンが作れないことはすぐに理解できます。子どもの頃からアイスクリームとチャーハンに親しんでおり、それが両立しないことを容易に推測できるからです。「アイスクリーム味のチャーハンをお願いします。見た目は当然、それらしいプロ仕様で美味しそうにお願いしますね」などとリクエストされたら、直ちに発注者にそれが不可能であり、「あるべき姿」として成立しないことを説明することができるでしょう。

　また、そもそもなぜそのような要求を出してきたのかを問い、代替案を提示することも容易でしょう。「話のタネに食べてみたかった」ということであれば、実現可能な別の奇抜

Chapter
6

問題解決の基礎

見きわめる

行動する

視点を変える

失敗に学ぶ

課題設定

■図19 アイスクリーム味のチャーハン

な例、たとえば「オレンジ味のチャーハン」を提案すること
で相手の要求に応えることもできるかもしれません。

　ところが、いざITプロジェクトになると、発注者は悪気
なくアイスクリーム味のチャーハンという「ありえないある
べき姿」を求めてしまう、ということが少なくないのです。
「スマホアプリで見てもPCで見てもほぼ同じ見栄えにして。
あと、ユーザーのスキルにものすごく差があるから、誰でも
使いやすいインターフェイスがいいな。あと、可能な限り
おしゃれな感じで」――正直これは、「アイスクリーム味の
チャーハン」を求めているのと同じくらいの「無茶な要求」
です。
　ところが、仕事が欲しいSIerの営業担当者は無茶を承知
で（あるいは説得、啓蒙が不十分なまま）受注してしまい、
現場が大混乱するというのはよくある話です。こうしたプロ
ジェクトは、現場が疲弊するわりには顧客も妥協を強いられ

ますから満足度も低く、誰もハッピーになりません。

　本来必要なのは、発注側が何を IT で成し遂げたいのかを知り、適切な「あるべき姿」を構想することです。たとえば「スマホアプリでも PC でも同じ見栄え」にどのような意味があるでしょうか？　よくよく聞いてみたら、別に意味はないという可能性も高そうです。「極力おしゃれに」も同様です。突き詰めていくと、実は「常に従業員が PC でもスマホでも情報に瞬時にアクセスできる状態を作る」ことが実現したいことなのかもしれません。

　であれば多少見栄えは犠牲にしてでも、「極力シンプルな画面にする。スマホアプリと PC の使い勝手の差は別途説明資料を作る」でも十分かもしれません。そもそも、スマホアプリで情報を見る人が社員の 3％程度だったら、わざわざ作らないという選択肢もあるのです。

　Basic058 でも触れた要件定義のベースとなる要望（元々の動機）をしっかり押さえることが、その後の要件定義、アルゴリズム（仕様に落とす）の妥当性を担保することにもつながるのです。

　ここでは IT プロジェクトを前提にしましたが、ビジネス的に問題が生じている営みは、往々にしてこのような最初のボタンの掛け違いが少なくありません。自分の明るくない分野ほど、そうした罠に陥っていないか、より上流の齟齬に目を光らせたいものです。少なくとも、**発注者の言っていることが「あるべき姿」ではなく、「こうなってほしい絵空事」で**

ないかには注意を払いましょう。自分で判断がつかない場合には、その分野に明るい人間に臆せず聞くことが手っとり早いですし効果的です。

Chapter
6

問題解決の基礎

見きわめる

行動する

視点を変える

失敗に学ぶ

課題設定

キーワード
要望、仕様、発注者

Basic

060
時には既成の常識を
取り払う

「あるべき姿」は
ゼロベースで描け

解説

　時にはゼロベースで「あるべき姿」を描くことも有効で、コンサルティングファームなどで推奨されています。既存の前提や常識にとらわれず、物事を考えていこうという発想法です。特に新製品・サービスの開発や新事業の構想において有効でしょう。

　たとえばQBハウス（運営会社はキュービーネット）という1000円カットの理髪店が登場する前は、多くの人、特に大人の男性にとっては、「床屋に行ったら、カットだけではなく、髭を剃ったり、洗髪したり、コロンを振り掛けてもらうのは当たり前」でした。その常識を打破し、カットに絞り込むことでQBハウスは急拡大していったのです。

　改めて考えてみれば、洗髪や髭剃り、コロンをかけるなど

Chapter
6
︎▼

問題解決の基礎

見きわめる

行動する

視点を変える

失敗に学ぶ

課題設定

といったタスクと、QBハウスが絞り込んだカットには以下の2点で絶対的な差異がありました。

・カットはプロにやってもらった方がいいが、その他は自分でやっても大差はない
・カットはおよそ1カ月効果が続くが、その他は1日たてば効果は消える

　コロンブスの卵のようではありますが、この「髪を切る」ということの本質を軸にビジネスを組み立てたのは炯眼だったと言えるでしょう（QBハウスは、120ページで紹介したブルー・オーシャン戦略の成功例としてもしばしば取り上げられます）。
　ゼロベース思考を促進するヒントとしては下記に挙げたようなものがあります。折を見て思考実験しておくといいでしょう。

①過去の成功体験をいったん忘れる
②ユニークな例外に着目する
③「なぜこうなっているのか？」をあえて考えてみる
④自分の思考の癖を客観的に見直す／指摘してもらう
⑤ありのままに物事を観察する
⑥ちょっとした不便や不満、非合理を見逃さない
⑦顧客の課題から発想する
⑧「できない理由」ではなく、「どうすればできるか」をまず考える

⑨極端な逆張りのやり方が機能しないか考えてみる

⑩あえて難しい制約条件を設けてみる（例：コストを 10 分の 1 にする）

これに Basic036 の SCAMPER などを加味すれば、かなりユニークな発想ができるようになります。

なお、ゼロベース思考は、上記のように新製品・サービスの開発などには効果的なのですが、それまでの職場のやり方を変えるなど、人々の行動に関わるものになると、実現に非常に大きなエネルギーを要するというデメリットもあります。また、変わることを嫌う人間や、既得権益者、いわゆる抵抗勢力にとっては、なかなか受け入れにくいものがあります。

ゼロベースで考えつつ、その「あるべき姿」が本当に人々のメンタリティの面からも受け入れられるかを検討しておくことは、問題解決のスピードや効率を大きく変えるのです。

また、コラムに示したような手法を組み合わせて用いることで、一定数は必ず生じる抵抗勢力の力を弱めることも同時並行で検討することが求められます。

問題解決の基礎

見きわめる

行動する

視点を変える

失敗に学ぶ

課題設定

column　抵抗勢力への対応

　　いわゆる抵抗勢力の対応には、図20のような方法があります。今回のケースのみならず、問題解決を進める際に、どの程度の時間や手間がかかりそうかを想定したり、実際に物事を進めるヒントにされると良いでしょう。

図20　抵抗勢力への対応

アプローチ方法	典型的な状況	メリット	デメリット
教育とコミュニケーション	情報が不足している	ひとたび納得すれば、手を貸してくれる場合が多い	当事者の数が多いと、手間暇がかかる
参加促進	変革の旗振り役が、必要な情報を全部掌握していない	参加を促された人々の参画意欲が高まる	相手を間違えると時間が無駄になる
手助け	新しい環境に適応できないことが、抵抗の引き金になっている	不適応に対する処方箋として、最も効果的	時間もコストもかかり、それでも失敗の可能性がある
交渉と合意	変革の結果、明らかに損をする関係者がいる	激しい抵抗を避ける比較的容易な方策	安易な合意が高くつくことがある
策略と懐柔	他の方法がうまく機能しない、あるいは非常に高くつく	迅速で低コストの解決策となりえる	先々問題が生じる恐れがある
有形・無形の強制	スピードが重要で、変革の指導者が大きなパワーを持っている	スピーディなアクションが可能	反感を買うと、リスクが大きい

出典：ジョン・P・コッター『リーダーシップ論』ダイヤモンド社、1999年、に筆者加筆修正

キーワード
ゼロベース思考、既得権益者、抵抗勢力

個別テーマ・発展編

ビジネスの問題は多岐にわたるが、
本編では「顧客」「品質」「人間関係」「モチベーション」の
4つのテーマについて、有用な考え方や技術を紹介する。
また最終章では
少し高度な問題解決の技術について解説する。

顧客の問題を
解決する技術

マーケティング、ブランディング、価値

顧客の問題解決こそが
キャッシュを生む

　通常ビジネスをしていると忘れがちですが、自社が存在できるのは、自社の製品・サービスが顧客の抱える課題を解決しているからです。

　たとえばファストフードという業態は、「素早く食事をしたい」という顧客のニーズ＝解決すべき問題はもちろん、「友人とお喋りする場所が欲しい」「夏にクーラーのきいたところで勉強したい」などの問題を解決することで成り立っているのです。あるいは我々グロービスであれば「仕事を中断せずに効果的にビジネスの勉強をしたい」あるいは「将来、Win-Win の関係を築ける仲間を見つけたい」という顧客のニーズに応えています。顧客の問題解決こそが企業の存在意義であるといってもいいかもしれません。

　では、顧客の問題を解決する自社内の責任者は誰でしょうか？　実務的にはマーケティング部門や製品開発部門となることが多いかもしれませんが、もちろん彼らだけが顧客の問題解決に責任を負っているわけではありません。「All Employees are Marketers（すべての従業員がマーケティング関係者だ）」という言い方もあるように、実はビジネスパーソン一人ひとりが顧客の問題解決に貢献しうるのです。

　本 Chapter では、これらを踏まえ、顧客の問題解決のヒ

ントを提供していきます。顧客の問題解決と自社の問題解決の両方に目配りする難しさと、その醍醐味なども感じていただければと思います。

Basic

061　顧客の問題を発見せよ

顧客が望むものを
明らかにするのは、
顧客の仕事ではなく、
イノベーターの仕事だ

解説

　これは経営学者クレイトン・クリステンセンによる言葉です。ここでいうイノベーターとはベンチャー起業家のみならず、競合に先んじようとするビジネスパーソンが当てはまります。マーケティングの発想では顧客の問題解決こそが企業の任務であるわけですが、顧客は明らかな不満がある場合以外、「自分のあるべき姿」やそのギャップを埋めるためのソリューションを知りません。

　アップルの初期のマッキントッシュパソコンは、「コマンドをいちいち覚えなくても感覚的にパソコンの操作ができる」という「あるべき姿」を描き、マニアに熱狂的に支持されました。

　それに対して、誰もが知っているような問題、すなわち顕在ニーズであれば、それが難しいものの場合は別ですが（例：

Chapter
7
∨

顧客の問題

品質の問題

人間関係の問題

モチベーションの問題

高度な問題解決

AIDS の特効薬など）、ありきたりな解決策では他社になかなか勝ちきれません。

　このように考えると、結局は顧客の「まあ、これってこんなものだろう」という「顧客の常識」や相場観を打破してあげることがユニークなソリューション、ひいてはイノベーションにつながることがわかります。

　その際に、暗黙におかれている前提を疑い自問すると効果的です。たとえば「これってなぜこの形で皆は満足してしまっているのか？」「本当にこれが『あるべき姿』なのか？」などです。

　一度、顧客を観察して、今とは全然別の「あるべき姿」が描けないか、あるいは全く手をつけていない業界で自社の強みを活かして新しい「あるべき姿」を描けないかなど、思考実験してみるといいでしょう。

キーワード
顕在ニーズ、ソリューション、イノベーション、思考実験

Basic

062 顧客は
問題解決のパートナー

あなたの顧客の中で
一番不満を持っている客こそ、
あなたにとって
一番の学習源だ

解説

　企業にとっての顧客の存在意義は、第一義的にはキャッシュの創出源ですが、実はそれ以外にもさまざまな側面を持っています。たとえば以下のようなものです。

- ・ キャッシュをもたらす資金源
- ・ 業界に対するインフルエンサー、客寄せ
- ・ ブランドイメージの体現者
- ・ プロダクトの一部（特にサービス業において）
- ・ 使用の感触や末端市場の情報をよりよく知る情報源
- ・ 学びの相手（ティーチャー・カスタマー）、実験台
- ・ 社内に対する外圧の源
- ・ 業界のパイをともに拡げるパートナー（セミナー共催など）
- ・ 価値の取り分を巡って争う競争相手

- 業界の変革に反対する抵抗勢力
- サプライチェーンやバリューネットワークの中で効果的に
  プロセスや役割を分担するパートナー　等々

　問題解決という文脈からここで最も注目すべきは、**情報源や学びの相手としての顧客**という点でしょう。特に多くの企業は、比較的自社に好意的な顧客とパートナーシップを組み、共同プロジェクトを通じたりすることで「顧客の顧客」に対する問題解決を提供していきます。ファーストリテイリングと東レのパートナーシップなどはその側面が強いと言えます。

　もちろん、こうした好意的な顧客と良い関係を築くことは重要です。しかし、既存の特定顧客とだけ固定的な関係を結び満足してしまっていては、ブレークスルーは生まれませんし、最終的なエンドユーザーのさまざまな潜在ニーズを満たすこともできません。

　そこで必要になる発想が、大きな不満を持っている顧客に学ぶというものです。不満のある顧客はそのまま消えることが多いものですが（特に消費財の場合）、長期的な契約などを行っている場合は、不満を抱えながらも自社サービスを使ってくれることも少なくありません。そこで、彼らがどの部分に不満を持っているのかをしっかり聞き、活かせる部分は取り入れていくのです。

　その重要性を指摘するのが、冒頭のマイクロソフト創業者ビル・ゲイツによる言葉です。

具体的な方法論として一番手っ取り早いのはアンケートです。たとえばグロービス経営大学院では、毎クラスアンケートを取っていますが、定量面だけではなく定性コメントにも目を光らせ、何が不満要因だったかを見て、必要があれば直接学生に話を聞き、問題解決に活かしています（最終アンケートだけではなく、中間アンケートも取り、決定的な不満となりうる要因をなるべく早期につぶしこんでいます）。

　また、卒業生アンケートでは「有益でなかった科目」に注目し、カリキュラムの改編などに活かしています。当然ながら、「多くの学生が持った不満」をしっかりつぶしていくことが第一歩です。

　自分たちが想像していなかったポイントについて不満を述べてくる顧客に、直接ヒアリングすることも有効です。かつてソニーの社長を務められた大賀典雄氏は東京藝術大学音楽学部出身の異色の経営者としても著名でしたが、ソニー（当時は東京通信工業）の製品に予想外のクレームをつけたところから同社との関係がスタートし、入社に至ったというのも有名な話です。

　ただし、あまりハイエンドの要求にばかり応えていると、イノベーションのジレンマ（ハイエンドにのみ目を奪われ、ローエンドの競合を軽視して足元をすくわれる罠）に陥りますので、どこまで顧客の「わがまま」に応えるべきかは、競争関係や市場性をしっかり見据えながら検討する必要があると言えるでしょう。

また、先述したように難しいのは、声を出さずに消えていった過去の顧客の不満を知ることです（特に消費財の顧客）。顧客アンケートは往々にして既存顧客に偏りがちですが、これではすべての不満を知ることはできません。どこまでの時間と予算を使うかは問題意識の大きさにもよりますが、時々既存顧客の枠を外してターゲットを広げ、消えていった顧客の声を集める取り組みもすることで、何らかのヒントを得たいものです。

キーワード
ティーチャー・カスタマー、イノベーションのジレンマ、消えていった顧客

Basic

063　掛け算のパワーは
抜群

社内の問題解決と
顧客の問題解決の
二兎を追え

解説

　これは、社内の問題解決のみで何かを変えるよりも、顧客視点も併せて新しい手法を考える方が桁違いの効果をもたらしうることを示す言葉です。筆者が個人的に意識しているポイントでもあります。

　たとえば回転寿司のコンベアは、もともと提供側の人手不足を解消するために考え出されたものでした。しかし、それだけだったらここまで受け入れられはしなかったでしょう。顧客にとっても早い、安い、注文の必要が減る（他人とあまり関わらなくてもいい）という便益を提供することで、大ヒットとなったのです（このときは、発明者は後付けで顧客側のメリットに気がついたそうです）。

　似たようなケースで、最初から顧客視点で新しいサービスを生み出したのがAmazon Goです。日本ではレジなしの

Chapter
7

顧客の問題

品質の問題

人間関係の問題

モチベーションの問題

高度な問題解決

無人店舗と紹介されることが多いですが、狙いは決して省人化ではなく、アマゾンらしく（コラム参照）顧客の便益です。スマホとアプリさえあれば、いちいち人に頼らなくても、欲しいものを即時に決済できるという点がポイントです。またレジに並ぶ必要がないので、通常決済にかかる時間数分が節約できます。その裏側には、アマゾンが開発したAIや画像認識の技術がふんだんに使われています。

　日本でもローソンなどが似たような実験を始めています（こちらはバイトの採用難という事情もあったようです）。いずれにせよ、顧客よし、自社よしのWin-Winのソリューションはやはり大きなパワーになるのです。

---

column　アマゾンの顧客中心主義

　Basic023でも触れたように、アマゾンはとにかく顧客の便益に投資する会社です。「速い、安い、品揃えが多い、とにかく便利」と言えます。そこにある発想は、最初は顧客単位で多少赤字になろうが、一度便利さを味わってもらえば結局はまた使ってくれるので、まずはユニークユーザーを増やす、そして彼らのLTV（顧客生涯価値）は最後にはプラスになるので、それが企業価値向上に結び付くという発想です。

　たとえば書籍であれば、通常の書店は新刊の店なら新刊しか扱いませんが、アマゾンでは同時にマーケットプレイスの1円の中古品も表示したりします。一見理に合わないようにも見えますが、ユニークユーザー数×LTVを最大化するという狙いに沿って見ると、これも理にかなっているのです。

キーワード
Win-Win、ユニークユーザー、LTV

Basic

064 顧客が期待するのは
問題解決への企業の姿勢

問題は解決されるまで
自社にある

解説

　Basic027 でも紹介した、ストレージ製品で著名な EMC（現在はデルと経営統合して Dell EMC）は顧客満足を重視する会社として知られ、表記の言葉をモットーとしていました。客先でトラブルが起こればすぐに駆けつけ問題を解決する、日曜日に顧客から対応依頼が来ていたのを見逃したら、次からはそうしたことが起こらないような仕組みを導入するなど、いろいろなエピソードを持っています。

　ポイントは、この施策や企業文化が、EMC のマーケティング上の差別化ポイント、訴求ポイントとなっていたことです。顧客（特に法人顧客）が欲しいのは単なる製品ではなく、トータルとしてのソリューション（顧客の課題の解決）とそれを実現しようとする姿勢です。

　それに対し、多くの企業では、製品を売った後は、保証期

間を過ぎてしまえば事務的に課金して対応するというケースが少なくありません。そこには問題解決こそが自分たちの仕事であるという意識があまり見られません。しかも多くの企業では、トラブルが生じたら、その原因を自分たちにあることが前提とはなかなか考えません。仮に口ではそう言っていても、「使い方が悪かったんじゃないの？」などと心のどこかでは思っていたりするものです。

　それに対してEMCのポリシーは、まさに顧客の問題解決こそが自分たちの仕事であるという思いが強く反映されています。実際に起こったトラブルが顧客側の要因によることも多かったでしょう。しかしEMCでは、そうした場合でも、まず自分たちの責任と考え、最大限の問題解決を提供したのです。丁寧に対応した結果、あるケースでは、追加で数億円規模の追加投資を認めてくれたという話もあったようです。

　特に顧客のトラブルについては、「いやいや感」が出てしまうと、それは態度や口ぶりから顧客に伝わっていくものです。そしてそのことは、顧客満足度や顧客ロイヤルティを下げ、長期的な利益を損ねてしまいます。

　最後まで顧客の問題解決に責任を持つという姿勢があれば、仮にトラブルが起きたときでも大きな問題に発展しないという点は意識したいものです。

キーワード
ソリューション、顧客ロイヤルティ

Basic

065 災い転じて福となす

「怒るお客様」こそ、
神様です

解説

　顧客とのトラブルはないに越したことはありませんが、人間がやることである以上、必ず一定のレベル以上は何かしらのトラブルに見舞われるものです。その際の重要なポイントに、彼らを敵にするのではなく、味方やファンにしてしまうということがあります。

　そのためには可能な限り俊敏に動く、組織内のしかるべき人が正しく対応するなどが重要になってきます。そうすることで、会社としての誠実さを伝えるのです。

　人間には面白い心理があります。嫌っていたものを何かしらのきっかけでものすごく好きになる、あるいはその逆のパターンです。歴史をたどれば、キリスト教の冷酷な迫害者だったパウロは、あるきっかけで普及活動の先頭に立つようにな

り、キリスト教の歴史に名を残すことになりました。

そこまで極端な例ではなくとも、人は予想以上の対応を見せられると、思わずその会社のファンになってしまうということが多いのです。SNSなどで口コミが広がりやすい現代、このポイントは重要です。

怒った顧客を味方にすることは、また別の効果ももたらします。それは製品・サービスの全体のレベルアップです。企業に有益なヒントをくれるのは必ずしも満足した顧客だけではありません。むしろ、声を出して不満を述べてくれる顧客は、何も言わずに去っていく顧客よりも自社に貢献してくれるという見方もあるのです（Basic062参照）。

そのことを示唆する冒頭の言葉は、コンサルタントの谷厚志氏によるものです。

---

column CCP(Critical Control Point)

　本文では、災い転じて福となす的な話をしてきましたが、実はその逆もあります。つまり、本来なすべきことをつい怠ってしまった結果、顧客に切られてしまうということもあるのです。もっと極端な場合には、「かわいさ余って憎さが百倍」「昨日の友は今日の敵」ということになりかねません。

　人間は個人に対しても企業に対しても、付き合いが長くなると、往々にして隙のある態度を見せがちになるものです。「このくらいは過去の付き合いもあるから、やっても問題ないだろう」などと勝手に思ってしまうのです。たとえば打ち合わせ時間に遅刻する回数が増える、メールなどでの確認をついついサボってしまうという感じです。

実際、グロービスが、かつてある業界において調査した結果では、ベンダーを外した際の理由は、ベンダー側のモラルや説明責任に対する不信感が背景にあることがわかりました。そしてベンダー側の個人が起こした問題行動を、顧客企業側が特定個人の問題ではなくベンダーの組織全体の問題として認識した時点で、関係打ち切りが決まることが多かったのです。

　この切り替え時点を、我々は CCP（Critical Control Point：重要管理点）と呼んでいます。

▊図21 CCP

	ベンダー側の 問題行動発生	問題行動の 継続発生
顧客企業の認識	特定個人の問題 "営業担当者個人の スキル・マインド 不足が原因だろう"	組織全体の問題 "周囲が問題に対応しない" "再発防止の姿勢が 見られない"
顧客企業の対応	ベンダーへの 注意喚起	ベンダーとの 関係打ち切り

CCP
(Critical Control Point)

出所：グロービス『法人営業　利益の法則』ダイヤモンド社、2009年

　予防策としては、以下が典型的なものとなります。可能ならば、どれか１つだけではなく、すべて実施したいものです。

・定期的に CS 調査などを実施して、現場の異常発見に努める
・現場からトラブルが報告された際には、顧客企業側の認識悪化が CCP に達する前に、スピーディかつ適切に対応に

着手する
・取った策を顧客に説明し、組織的に再発防止に取り組んで
　いることを理解してもらう

キーワード
ネガティブコメント、フィードバック、CCP

066 模倣しにくい差別化をせよ

すぐに真似できる差別化は
差別化ではない

解説

　差別化はマーケティング論などにおいて、最も重視される
ポイントの１つです。ただ、多くの企業は持続性の弱い差
別化に走ってしまい、いたずらに消耗戦を繰り広げています。

　その典型が、かつての家電業界です。たとえば冷蔵庫の場
合、ドアの開け方や冷蔵室の位置、冷蔵庫内での空気循環など、
さまざまな差別化は行うのですが、ある意味「コップの中の
争い」とでも言うべき微々たる差別化であり（言い換えれば、
顧客の問題解決にあまり影響のないもの）、その気になれば競
合もすぐにキャッチアップできるものがほとんどでした。

　とはいえ、新しい差別化のある新製品を出さないと家電量
販店の売り場（棚）に置いてもらえません。そうした理由も
あり、まるでラットレースのような新商品開発レースに巻き
込まれ、体力を消耗したのです。

では顧客の問題を解決しつつも、真似しにくい差別化とはどのようなものでしょうか？

1つは、差別化を支える構造そのものが真似しにくいときです。たとえばフェイスブックの強さは、その会員数の多さや圧倒的なIT技術力、ビッグデータの蓄積などにあるのですが、これを今から真似しようとしてもほぼ不可能です。

外見では真似できそうでも、内側の仕組みが複雑だったり、いわゆる暗黙知によって支えられている場合、あるいは因果関係が明瞭ではない場合も模倣は困難です。日本の「擦り合わせ型」の製造業などはその側面が大です。

次元は異なりますが、歴史や地理的要因、ブランドイメージなども真似しにくい要素です。たとえばNBAのロサンゼルス・レイカーズやボストン・セルティックスの優勝回数やそのライバル球団としてのエピソード、輩出した数多くのスーパースター、あるいは立地やファンのロイヤルティなどは顧客に独自の高揚感、優越感を与えるものですが、他チームが真似できるものではありません。

言い換えれば、競合が模倣しにくい強みや資産を、価値あるものとして訴求できる企業は強いのです。場合によってはM&Aでこれを獲得するのも一法です。

キーワード
擦り合わせ、M&A

067 ビジネスチャンスが
尽きることはない

社会的な問題が
大きければ大きいほど
ビジネスのチャンスも広がる

解説

　成長機会がないことが自社や自部署の問題である、と嘆かれるビジネスパーソンは多いかもしれません。しかし、それはある意味甘えた意見です。冒頭の言葉はアリババ創業者のジャック・マーの言葉ですが、ビジネスチャンスは言い換えれば顧客にとって問題がある箇所ですから、世の中で困っている人が増えるほど、ビジネスチャンスはあるのです（そこで勝てるかはまた別の問題ですが、市場機会は常に存在します）。

　たとえば年金の財源不足の問題は、年金という問題だけを見れば解決は難しいかもしれません。しかし、「老後の生活をより安心なものにする」という観点に立てば、あらゆる業界の人にとって何らかのビジネスチャンスはあると言えるで

しょう。

　我々グロービスならば、シニアの方向けのビジネス教育などは大きな市場ポテンシャルを持つかもしれません。多くの製造業にとっては、より安価な製品を提供できれば、相対的な購買力の向上に結び付きます（一方で生産に関わる雇用をどうするかという問題も生じますが、そこにも必ずビジネスチャンスは生じます）。

　昨今は VUCA、つまり Volatility（変動性・不安定さ）、Uncertainty（不確実性・不確定さ）、Complexity（複雑性）、Ambiguity（曖昧性・不明確さ）の時代と言われていますが、これらはすべての人々にとって、通常は「困ったこと」です。だからこそ、そこに社会的な問題が発生するわけです。**顧客**だけではなく、**社会の問題＝ビジネスチャンス**と捉えるしたたかさが大切です。

キーワード
ビジネスチャンス、VUCA

Basic

068　価値を訴える

消費者に
伝えることができなければ、
イノベーションで
勝利することはできない

解説

　これは数々のイノベーティブな製品を生み出してきたスティーブ・ジョブズの言葉です。実はジョブズも Lisa（初期のパソコン）や初代 Apple TV、ボタンのない iPod Shuffle など非常に多くの失敗作を出してきました。その多くは機能がイマイチというものがほとんどでしたが、中には、そんなに悪くないけど価値（バリュープロポジション）が伝わらないというものもありました。

　いうまでもなく、どれだけ顧客の問題解決に貢献するような新製品・サービスであっても、それが認知されなくては、買われることはありません。

　ではなぜその価値が伝わらないのでしょうか？　一番大きな理由は、単なるプロモーションの不足です。これは地道にターゲット顧客に伝えるしかありません。

その他に多い理由は、「顧客の言葉」で語っていないというものです。たとえば車の室内空間を平均より〇〇立方センチメートル増やしたということは、事実としてはそうかもしれませんが、顧客が自分で解釈をしなくてはならない分、訴求力は落ちます。「このくらいの大きさの荷物でも楽々入る」「普段は運べないこのようなものも運べる」など、顧客の課題解決の側面からわかりやすい言葉で語ることが必要です。

実は、「モノ」はまだしもその価値を伝えやすいのですが、無形のサービスはなかなかその価値を伝えにくいものです。たとえば戦略コンサルティングなどは「顧客の大事な問題を解決する」「企業価値を上げる施策を立案し、実行支援する」などさまざまな言い方ができますが、いまだにその本質的な価値を伝えることは容易ではありません。

特定の研修事業（例：企業理念再構築研修）なども、「それって結局、儲かるの？」と質問されたときに、その効用を数字で示すのは難しいことです。ただし、ある程度実績がたまってくれば、それをベースに価値を明文化することもしやすくなります。いわゆるイノベーター顧客を早期に見つけ、サービスを提供する中で提供価値をしっかり明文化していくことが非常に大事なのです。

キーワード
バリュープロポジション、サービス、（価値の）明文化、イノベーター顧客

Basic

069 「恥の文化」だからこそ
工夫を

お客様に
恥ずかしい思いを
させることなく
事態を収拾させることです

解説

　これは、接客アドバイザーの北山節子氏による言葉です。

　何か顧客（特に BtoC のサービス業における顧客）がトラブルに関係したとき、明らかにその原因が顧客に起因することがわかるというのはよくあることです。たとえば以下のようなケースです。

・明らかにマナー違反（例：列への割り込みなど）をした
・「お断り」と明示してあることをしようとした
・勝手に勘違いして自分の意を通そうとした　など

　こうしたときに提供側で高圧的な態度をとってしまう人がいますが、それは必ずしも得策ではありません。相手の態度を一層硬化させたり、ネガティブな口コミを広めたりするこ

Chapter
7

顧客の問題

品質の問題

人間関係の問題

モチベーションの問題

高度な問題解決

とも多いからです。良い口コミよりも悪い口コミの伝達力は十数倍に上るという見解もあります。

特に日本は「恥の文化」の国です。他者からの見られ方と自分の体面を重視します。

そこで必要なのが、相手に恥をかかせないようにトラブルを収束させるということです。その方法論にはいろいろなものがありますが、よく使われるのは、相手のミスであっても自分の非として対応するということです。たとえば、実際には普通に表示してあったとしても、「この表示がわかりづらかったですね。大変失礼しました」「今後のサービス向上に活かさせていただきます」といった感じです。そうすると相手もそれ以上突っ込むことはしないものです。人によっては「(これ以上恥をかかなくて済んだ)ありがとう」などと言ってくれたりもします。**事実を指摘して恥をかかせるのではなく、相手の立場に立って考えることが大切です。**

もう1つは単純ですが、有効な方法論に、対応に時間をかけ、相手に共感を示しつつ、徐々に怒りが収まるのを待つというやり方もあります。

怒りという感情に、ロジックだけで対応しても通常はうまくいきません。むしろ、ロジックで勝ったとしても、ビジネスという勝負では負けてしまいかねません。難しいことではありますが、怒っている相手の立場も推測しながら、その気持ちに寄り添っていくことが何よりも大切です。

キーワード
恥の文化

品質の問題を解決する技術

TQC、バリューチェーン、制約理論

品質は武器になる

　品質管理は、日本企業の得意技と見なされることが多いようです。実際、海外の企業に比べれば確かに日本の平均的な品質は高いレベルにあります。しかし、すべての企業がそうというわけではありません。一部の優れた製造業のおかげで、平均が引き上げられているだけであり、実は国内を見てもバラつきが大きいのが品質の問題です。特にモノとは異なり人の関与度が大きいなどの事業特性上、品質管理が難しいサービス業にその傾向が強いと言えます。

　品質に関する問題は、顕在化する前につぶす必要が大きいという特徴もあります。たとえば製品のリコールなどは、それが見つかってから問題解決を図ることももちろん大事ですが、そうしたことが極力起きないよう事前に防止することが重要なのは言うまでもないでしょう。

　つまり、品質に関する問題は、顕在化する以前が勝負、という側面が大ということです。一方で、品質はこだわればこだわるほどコスト高になりますので（これは日本企業の弱点でもあり、俗に言うガラパゴス化の原因にもなります）、その最適のバランスを見出すのは容易ではありません。

　本 Chapter では比較的オーソドックスな品質維持の方法

論について述べていきますが、品質にはそのような難しさも
あることをぜひ意識してほしいと思います。

Chapter
8

顧客の問題

品質の問題

人間関係の問題

モチベーションの問題

高度な問題解決

070 品質は「頭」から

品質問題の85％は、マネジメントに責任がある

解説

　この言葉はTQC（トータルクオリティコントロール）や「デミング賞」でも名高いエドワーズ・デミング博士によるものです。

　品質というとどうしても現場の問題と捉えがちなのですが、実は**マネジメント層の意識こそが品質を高める鍵**です。筆者も何度か品質向上プログラムに携わったことがありますが、やはりまずは経営陣の頭の中を変えることが第一ステップでした。

　有名な逸話があります。かつてアメリカ自動車業界のビッグ３が日本車との競争で四苦八苦していた頃、そのうちの１社が日本企業と提携することになりました。アメリカ企業は「あの従業員を使っている限り、品質は絶対に良くならない、

Chapter
8
⌄

顧客の問題

品質の問題

人間関係の問題

モチベーションの問題

高度な問題解決

従業員を総取り替えすべきだ」と言いましたが、日本企業がやったのはその逆で、マネジャー以上を総取り替えしました。そして日本流の品質管理を徹底したところ、従業員はそのままで、日本車とそれほど変わらない品質を実現したのです。

　品質問題について現場を責めるマネジメントがいたら、それは実はマネジメントの問題であり、まずは自己変革が必要なことをしっかり理解してもらうべきなのです。

---

column　サービスの品質

　サービスは無形かつ人が提供することが多いため、品質のバラつきが製造業以上に大きくなるのが一般的です。塾の講師や医師などを思い出すとすぐに「そう言えば」と思い当たるでしょう。バラつきの大きさは、顧客満足度やその前提となる顧客の期待度にも大きく影響を与えますので極力減らすことが必要です。

　オーソドックスな手法ではありますが、プロセスやコンピテンシー（行動様式）などについてあるべき標準を定め、バラつきが少なくなるよう教育したり、顧客満足度や実際のパフォーマンスを数字で測定してPDCAを回すことが必要です。これも当然、マネジメントの意識が重要な影響を与えるのは言うまでもありません。

キーワード
TQC、サービスの無形性、顧客期待値、標準、コンピテンシー

071　品質は全員の責任

みんながリンクしなければ
到底品質を守ることは
できません

解説

　品質問題と聞くと、皆さんはどこの部門に起因する問題と考えますか？　設計、生産、品質保証、調達部門を思い浮かべる人が多いでしょう（ここでは製造業をイメージして議論しますが、他の業態でも基本は同じです）。

　もちろん、実際に品質トラブルの原因を突き詰めていくとこれらの部署が絡んでいることが多いのですが、だからといって、それ以外の部門の人間が「自分は関係ない」と考えていいわけではありません。冒頭の、第一三共会長の中山讓治氏の言葉は、そのことを示唆するものです。

　たとえば筆者がかつて経験したある例では、営業の受注予測の甘さが設計や製造にしわ寄せとなり、品質を落としてしまいました。また、在庫がたまることによる劣化の問題もありました。

　別のケースでは、営業が顧客の要望のままにキャパシティ

図22 品質はバリューチェーン全体で決まる

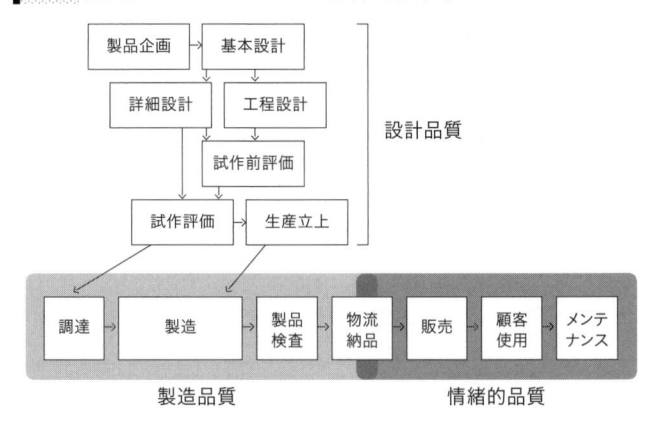

以上のカスタマイズ案件を引き受けてしまい、後工程が大混乱するということもありました。また別のケースでは、調達部門のマニュアルに不備があったため引き継ぎがうまくいかず、後工程に大きな負荷をかけていたということもありました。

　よくマーケティングなどでは、社員全員が顧客ニーズの把握や顧客満足度維持に責任があるということがあります。品質もそれと同様に考える必要があります。図22に示しましたが、品質とは、組織のバリューチェーン全体で作り込み、維持すべきものです。

　品質に関する問題が生じたら、必ずバリューチェーン全体を俯瞰する習慣をつけ、どこかでコミュニケーションに齟齬が起きていないか、前工程と後工程で課題意識がずれすぎていないかなどを確認するようにしたいものです。

キーワード
前工程、後工程、バリューチェーン、俯瞰思考

Basic

072　失敗こそ品質向上の母

ヒヤリハットは
品質を高める機会

解説

「ヒヤリハット」は文字通りヒヤリとしたりハッと感じた軽微なトラブルを指します。この言葉は、1件の重大な事故・災害の背景には、29件の軽微な事故・災害と、300件の異常（ヒヤリハット）が存在するというハインリッヒの法則と連関して用いられています。

たとえばオフィスの業務の中でメールの誤送信や添付ファイルのミスなど、ヒヤリとしたりハッとする経験は誰しもが持つものですが、普通はそれは大きな事故にはつながらないため、すぐに忘れられてしまうものです。会社のPCが入ったカバンの置き忘れや入館カードの紛失などもそうです。

しかし、そのヒヤリハットが積み重なれば、そのうち軽微な事故につながり、それがさらに回数を増せば、重大な事故につながるというのがこの法則の趣旨です。

■ 図23 ハインリッヒの法則

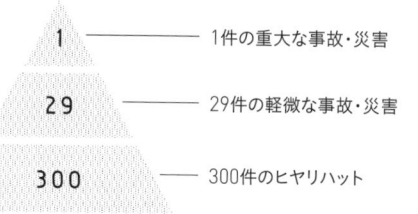

1 ——— 1件の重大な事故・災害

29 ——— 29件の軽微な事故・災害

300 ——— 300件のヒヤリハット

　一般に、多くの人は何か重大なトラブルがあると、無意識に、その重大トラブルの原因を探ろうとするものです。しかし、重大なトラブルの減少にばかり目を奪われていては効果的な打ち手に結び付きません。日常から些細な異常（ヒヤリハット）を報告・共有するようにし、それを減らす活動に地道に取り組むことが、中程度のトラブルの減少、さらには重大なトラブルの可能性や件数も減らすことにつながるのです。

　日常的な軽微なミスにしっかり目を向けることこそが、さまざまな品質向上につながると言い換えてもいいでしょう。

　ハインリッヒの法則は、工場や建設現場、医療現場、交通機関など、重大なトラブルがそのまま人命にかかわる大惨事を招くような職場において、特に強調されてきました。しかし、ウェブ上での発言が大炎上を招いたり、社員の不用意な行動が取引先に迷惑をかけてしまう（例：顧客の個人情報の流出など）ことが増えた昨今、あらゆる職場で意識すべき法則であり、何らかの取り組みが必要と言えるでしょう。

キーワード
ハインリッヒの法則

Basic

073

事前検査・シミュレーションで
後のトラブルを防ぐ

あらゆる条件下での
動作を確認する

解説

　製品というものは、当然、使うにしたがって経年劣化して
いきます。パソコンであればバッテリーの持ちが悪くなった、
動作が遅くなった、フリーズする回数が増えたなどはよく出
る症状です。

　また、想定されている「一般的な環境」以外で製品を使用
するユーザーもいます。たとえば零下20度や、実質50度
の気温の中でパソコンを使うなどです。

　これらに対してどこまで製品の提供側が責任を持つかは線
引きが難しいこともありますが、商材によってはある程度酷
使されてもパフォーマンスを出せる方が、そうでない製品に
比べると良い評判を築けるものです。自動車や建機、コピー
機などがその例です。自動車であれば、中東のテロ組織が好
んでトヨタの中古車に乗っていたのは、やはり砂漠などの厳

しい環境下でもしっかり走るからと言われています。

　コピー機も素人が思う以上に複雑な擦り合わせ型製品であり、さまざまな湿度や気温、紙の種類で確実にパフォーマンスが出るかを検証していきます。ちなみに、冒頭の言葉はキヤノンのものづくりにこだわった言葉です。

　難しいのは経年劣化でしょう。たとえば20年の経年劣化を実際に待つわけにはいかないからです。そこで出てくる工夫が、極端な負荷を一気にかけてしまうという方法です。生物学の実験において、実験動物に過剰量の化合物などを与えるのと似ています。

　近年では物理的にそうした負荷をかけるだけではなく、コンピュータシミュレーションも活用しながら、さまざまな実験ができるようになってきており、経年劣化した状況や特殊な状況でのパフォーマンス試験ができるようになってきています。

　事前予防にどこまでのコストをかけるかは非常に判断が難しいことではありますが、こうした地道な取り組みがトラブルを減らす要因にもなるのです。

　ここでは製造業を前提に解説しましたが、それ以外の業態でも、「ベストではない環境」でどのくらいパフォーマンスを出させるべきか、そしてそのためにどのくらいのコストをかけるかを検討してみる必要があるのです。

キーワード
経年劣化、コンピュータシミュレーション

074

制約理論で
品質も上がる

制約に注目せよ

解説

　Basic037 でもご紹介したイスラエルの物理学者、エリヤフ・ゴールドラット博士は、制約（ボトルネック＝全体のスピードを決めてしまう、最も処理能力の小さなプロセス）に注目することを強調しました。制約を見つけ、制約を最大限に活用するのです。これは往々にして制約＝ボトルネックを取り除くことでスループット（売上高から真の変動費を差し引いたもの。時間当たりで見ることが多い）を上げる生産性向上の話と捉えられがちです（図 24 参照）。

　もちろん、最大の眼目はそこにありますが、実は正しくシステムを作ると品質も上がるという点が大切です。これは、品質管理に必要な時間を割り当てることができるなどの効果もありますが、それにとどまりません。

　ゴールドラット博士の制約理論は、単にテクニカルなも

Chapter
8

顧客の問題

品質の問題

人間関係の問題

モチベーションの問題

高度な問題解決

■図24 ボトルネックを解消する

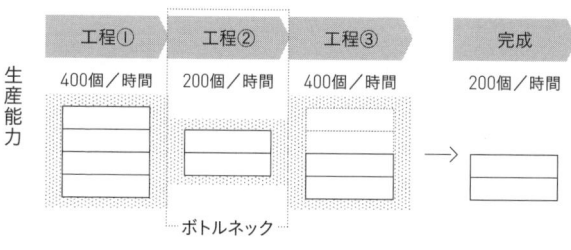

のではなく、4つの考え方に基づいています。それは、①物事をシンプルに考える、②人のせいにしない、③常に Win-Win を追求する、④わかっていると過信しない、です。

　逆に言えば、システムが最適化せず、スループットのみならず品質が上がらない理由は、こうした抜本的なメンタルモデルの欠如にあるのです。たとえばお互いの部署が部分最適を図り、他部門のせいにするようでは、最適なモデルは決して出来上がりません。お互いのコミュニケーションを増やし、相互信頼できるようにするだけで、「良いものが大量に提供できる」という状況が生まれるのです。あるいは、マイクロマネジメントのし過ぎや不透明性などもかえって品質などを損ねます。

ちなみに、同じくゴールドラット博士が提唱した、制約条件の理論に基づき全体最適化を目指したプロジェクト・マネジメント理論のクリティカルチェーン・プロジェクトマネジメント（CCPM）では、以下の5つを重視しています。

　なお、クリティカルチェーンとは、経営資源（リソース）の奪い合いやプロセスの従属関係（Bプロセスより先にAプロセスを終えておく必要があるなど）を考慮した上での、所要時間を決める最も長いプロセスの流れを指します（詳細は博士の書籍『クリティカルチェーン』〔ダイヤモンド社〕参照）。通常のPERT図（プロジェクトの各タスクの処理順序等の関係をフローチャートの形で示したもの）のクリティカルパスとはリソースの奪い合いを考慮する点などで異なるので注意が必要です。

① Freeze（選択と集中）
② ODSC（目標の擦り合わせ）
③ Backward Scheduling（段取り）
④ ABP（Aggressive But Possible）
⑤ Buffer Management（バッファー管理）

　CCPMも、テクニカルな要素以上に、密なコミュニケーションによる意識の擦り合わせを要求します。また、優先順位の決定を正しく行うことで、リソースの取り合いで不毛な競争が起こることなどを回避することを重視しています。さらに適度なバッファー（余裕）が生まれることは、さらなる品質改善のヒントを生むことにもつながってきます。

　制約理論に限らず、ある効果的な理論を学ぶ際には、その根源的な思想をしっかり理解することが大事です。それが別の問題解決にも応用できることが非常に多いからです。

キーワード
ボトルネック、制約理論、メンタルモデル、CCPM、バッファー

Basic

075 品質は基本のレベルの高さが モノを言う

ずば抜けたチームを作るには、基本にずば抜けていなければならない

解説

　この言葉は、アメリカのプロフットボール（NFL）の伝説的名コーチ、ヴィンス・ロンバルディが残したものです。もともとはスポーツの言葉でしたが、企業にも非常によく当てはまります。

　品質は特にその傾向が強いのですが、何かに秀でている企業は、その基本（ここでは基準と言い換えてもいいでしょう）のレベルそのものが満遍なく高いことに加え、それを徹底する活動（採用、育成、最適配置など）に非常に力を入れているものです。

　マーケティングで有名なP&Gのブランドマネジャーであれば、基本的なマーケティングの知識はもちろん、数字をベースにした戦略構築力や周りを巻き込む説得力、目標達成に向けての行動などは非常に高いものが求められます。さらにそ

のベース資質としての、洞察力や業務推進力、自己肯定感や先見性なども同様です。これらを徹底的に鍛えられるがゆえに、P&Gのブランドマネジャー職は「CEO養成機関」などとも言われるわけです。

話を品質に戻すと、品質の高い企業はやはり高い基準が徹底されています。自動車業界やその部品メーカーなどが典型的です。

これは、結局、何か高い次元のあるべき姿を目指すときには、付け焼刃の対応ではなく、地道な基本の積み重ねをどれだけしつこくできるかが重要ということでもあります。

問題解決というと短期的なものをイメージしがちですが、特に目標とするあるべき姿が高い場合、「ローマは一日にして成らず」ということも同時に意識しておく必要があるのです。

キーワード
基準、ブランドマネジャー

人間関係の問題を
解決する技術

コミュニケーション、承認欲求

人間の最大の悩みに
対処する

　人間関係は、社会的動物である人間にとって、最大の悩みの源と言えるでしょう。たとえばある調査によれば、転職の最大の理由は、待遇や労働環境の悪さ、キャリアアップの機会追求などを押さえて、職場の人間関係がナンバー1になっています。

　プライベートを考えても、離婚や親子の絶縁は最大の人間関係トラブルの結果ですし、隣人トラブルなどに悩まされている人も多いでしょう。

　政治レベルを見ても、結局は人間関係の良し悪しが政策以上に政治の動向を左右することは多々ありますし、時には国家間の関係にすら、個人レベルの人間関係が影響することさえあります。

　難しいのは、**人間は必ずしもロジカルには動かない**という点でしょう。もちろん、論理的な方法論で問題が解決することもありますが、むしろ、感情がこじれてしまい、論理的なアプローチがかえって火に油を注ぐことさえあります。人間は理性の動物である以上に原始的な情動に左右される動物なのです。

このように難しい人間関係に関する、万能の問題解決手法はありません。とはいえ、いくつかの知恵はありますので、多くの人に役に立つものをご紹介したいと思います。

Basic

076　まずは合理的アプローチで

Win－Winを考えることは、人間関係の全体的な哲学である

解説

　この言葉は、『7つの習慣』（キングベアー出版）で世界的に著名なスティーブン・コヴィー氏のものです。236ページで、人間関係は必ずしも合理的なアプローチで解決するとは限らないと書きました。とはいえ、ビジネスシーンでは、感情的なもつれが大きくなる前に、合理的にWin-Winとなる関係を構築しておくことはやはり有効です。

　Win-Winは、端的に言えば「**自分にとっては価値が小さいけれど相手にとっては価値が大きなもの**」と、「**相手にとっては価値が小さいけれど自分にとっては価値が大きなもの**」を見出し、**お互いに交換したり譲り合うことで、双方が感じる便益の合計を最大化する**ことです。企業同士のビジネス交渉では便益を金銭換算することが多いですが、通常の人間関係では、多少アバウトですが、お互いの幸福感と考えればわかりやす

Chapter
9
⌄

顧客の問題

品質の問題

人間関係の問題

モチベーションの問題

高度な問題解決

いでしょう。

たとえば、相手は名声にこだわり、自分は実益にこだわるのであれば、手柄は相手に与えてしまって、自分は経済面で有利な条件を得る、というのは典型的なWin-Winの方策です。

プライベートの例であれば、夫が育児は苦にしない一方、他の家事を苦手とするのであれば、妻は夫にもっと育児に協力してもらい、その他の家事を（それが苦痛でないのであれば）引き受けるというのも1つの解決法です。

ビジネス交渉術の教科書などでは、こうした価値観の交換例として、以下の4つを典型例として挙げています。身近な問題解決にも応用できないか検討してみましょう。

- **形式 VS. 実質**：（例）子どもにスマホは一応与えるが、使用方法を厳しく制限する
- **経済 VS. 政治**：（例）意思決定については自分が主導権をとれる仕組みにするが、リターンは相手が多くを得るようにルールを決める
- **内部 VS. 外部**：（例）ある組織で誰がリーダー的役職になるか争いになったとき、内部重視の役と外部重視の役に分けて就く
- **象徴 VS. 実際**：（例）家の中では夫を大黒柱としてメンツを立てさせつつ、収入の多い妻が世帯主となる

キーワード
便益、交渉術、価値観

Basic

077 コミュニケーションの密度を
上げよ

川沿いに暮らすなら
ワニと仲良くなれ

解説

コラムニストのデイル・ドーテンは、多くの人間関係の問題がコミュニケーション不足にあることを伝えるためにこの例えを使っています。人間関係がうまくいかないというとき、その原因を探っていくと「お互いがお互いのことをあまり知らない」、さらにはそもそもあまり会話したことすらないという事実に突き当たることが少なくありません。

筆者自身も、うまが合わないと思っていた人間とよくよく話をしてみたら、実は悪い人間でも何でもなく、こちらの一方的な印象だけで嫌っていたというケースは少なくありません。

こうした事態にならないためには、常日頃から多くの人と積極的にコミュニケーションをすることが、問題解決以前の防止に役に立ちます。たまには一緒にランチにいって話してみる、というだけでもその効果は大きなものです。

Chapter
9
◡

顧客の問題

品質の問題

人間関係の問題

モチベーションの問題

高度な問題解決

　昨今はあまり流行らない夜の飲み会も、互いに深く知りあうという意味ではやはり効果的です。「彼／彼女は実はこんなことを考えていたんだ」や「こんな共通点があったのか」という発見は、人間関係を円滑にするのです。

　企業によっては、あえて部門ミーティングなどをオフサイト（いつもの職場から離れた場所）で行うケースもあります。気分を一新して議論する以上に、お互いのコミュニケーションの密度や量を高める狙いからです。またある企業では、往々にして対立しがちな技術部門の人間と営業部門の人間の座席をあえて混在させることで、相互のコミュニケーションを促しています。座席の配置だけで、心理的な距離感が変わり、コミュニケーションの密度も圧倒的に上がるのです。

　特に、自分とは異なるタイプ（業務、属性、心理的傾向など）の人間とのコミュニケーションが増えることは決してマイナスにならないことは理解しておきましょう。

---

column　雑談力

　普段話をしない人とコミュニケーションを行う際に、毎回シリアスな話をするのは疲れるものです。そこで役に立つのが雑談です。「雑談力」の書籍が一時期流行りましたが、うまく相手に喋ってもらうように話題を振ったり、相槌をうつといったちょっとした心掛けがコミュニケーションを活性化し、心理的垣根を下げることは知っておいて損はないでしょう。

キーワード
オフサイトミーティング、心理的距離

078 承認欲求を満たせ

相手の心を確実に掴む方法は、相手が相手なりの重要人物であると認めてやることである

解説

『人を動かす』（創元社）などの一連のベストセラーの著書で知られるデール・カーネギーは、さまざまな機会に、相手を認めることの意義を説いています。人間関係のトラブルの多くは、「自分のことは大切に考える一方で、相手のことをあまり大切に思わない」ということに起因しますから、まず相手の存在を認めてあげることはトラブル防止にもつながります。また、何かあった場合にでも、その解決の糸口になることが多いのです。

　相手のことを軽んじてしまう典型的なパターンには、以下があります。

・自分の方が経験豊富
・自分の方が実績を出している

Chapter
9

顧客の問題

品質の問題

人間関係の問題

モチベーションの問題

高度な問題解決

・自分の方が地位が上
・自分の方が年上（特に日本の場合）
・自分の方がスペック（学歴、年収など）が高い

　要は、自分の方が優れていると思いがちなシーンで、相手の存在や相手の事情を軽く見てしまうのです。

　もちろんこれは間違いであり、真に実力のあるビジネスパーソンは、「**我以外皆師**」「**後生畏るべし**」を自然に実践できますから、こうしたトラブルに陥りませんし、むしろ尊敬や信頼を獲得するものです。

　もしそれが得られていないなら、まずは「相手のことを心のどこかで軽んじていなかったか？」と自問しましょう。その上で、必要に応じてお詫びをした上で、相手の視点に立ってリスペクトを払った言動をとることが必要です。「〇〇さん」などと名前で読んであげるだけでも相手は承認欲求が満たされるものです。また、粗を述べるのではなく、成果を認めてあげることが自己肯定感も高め、良い人間関係構築へとつながっていきます。

キーワード
承認欲求、自己肯定感

Basic

079 人間関係の半分は
自分の責任

相手に変わってほしければ、
まずは自分が変わることだ

解説

　多くの人間が人間関係のトラブル解消の際にやってしまいがちなのが、自分自身のことは棚に上げて、相手や相手との関係だけを変えに行くというものです。しかし、このやり方は、多くの場合かえって相手の態度を硬化させますし、往々にして横柄・傲慢な印象を与えかねません。

　冒頭の言葉はインドの独立の父、ガンジーのものです。彼は非暴力運動で知られていますが、暴力に非暴力で立ち向かうという鋼鉄のような意思は持ちつつも、必要に応じてうまく相手に合わせ自分を変えることで良い関係を構築しようと努力しました。

　これは当然、現代のあらゆる人間関係にも通じます。２人の間にトラブルがある場合、通常、その原因の半分は自分に

あることが多いものです（もちろん例外もありますが、相手だけが完全に悪いということはかなり稀です）。

であれば自分を客観視し、偏見を持っていたり、意地を張る必要がない部分で意固地になっていないか、不用意な言動をとっていないかなどをまずは自問しましょう。自分が良い関係を築けている人にどのように対応しているかを参考にするのも効果的です。そしてすぐに修正できる部分は勇気を持ってそれを変えるのです。

とはいえ、表面的な部分の変化で済むケースばかりではありません。根源的な部分で自分の心の持ちようを変える必要がある場合もあるでしょう。これは容易ではありません。そこで鍵になるのが習慣化です。

「より人間関係に恵まれた自分」を意識し、どのような行動を習慣化していけば、自己変革ができるかをしっかり考えます。そして日々それをPDCAを回しながら実践していくのが、遅いように見えて効果的です。

単純ではありますが、毎朝「おはようございます」と必ず大声で挨拶するようにするだけでも、自分自身も変わりますし、他人からの見え方も変わっていくのです。

キーワード
自己変革、習慣化

080 議論はしても
言い争わない

口論は誰にもできるが、
双方とも決して勝てない
奇妙なゲームだ

解説

　人生の中で人と口論、言い争いをしたことのない人はいないはずです。しかしそれが生産的な結果につながったことはあるでしょうか？　決してゼロではないかとは思いますが、多くの場合は時間の浪費感や不毛なこだわりだけが残ったという人も多いでしょう。

　冒頭の言葉はアメリカの建国の父の1人、ベンジャミン・フランクリンが残したものですが、他の人々も言い争いは避けよとの訓戒を残しています。その1人は、Basic078でも紹介したデール・カーネギーです。彼も経験的に、言い争いは良い人間関係構築につながらないことを知っていたのです（なお、『人を動かす』では「議論するな」という訳になっていますが、原文は "Do not argue" ですから、やはり言い争いはするな、の方が適切でしょう）。

　では言い争いが起きるのはどのような場面かと言えば、一番多いのは議論の場です。議論は、ビジネスにおいてより効果的な結果をもたらすために必要不可欠なものですが、意見が対立していると、それが高じて言い争いになってしまうのです。問題を解決する前の議論が人間関係のトラブルをもたらすのでは困ったものです。

　これを避ける手っ取り早い方法は、口論になる前に誰かが諫めることです。議長やファシリテーターの的確なマネジメントが問われますし、同時に当事者の自制心も問われる場面です。

　また、多くの議論では、根源的な方向性から相容れないということは少ないものです。Basic037などで紹介したような手法を用いれば、より大局的に見れば同じ方向性を見ており、後は方法論の違いだけ、ということが少なくありません。Howの方法論だけではなく、Whatのあるべき姿が食い違っている場合は収束は難しいですが、それでもその食い違いが何に起因するかをお互いが意識できれば、無用な言い争いは減り、組織としての問題解決にしっかりとフォーカスできるようになるのです。

　言い争いのモードになる前に自分を客観視できるようになることが、人間関係を円滑にする大切なスキルとも言えるでしょう。

キーワード
ファシリテーター、客観視

Basic

081 異文化は
まずありのまま受け入れる

判断を留保せよ

解説

　現代のビジネスシーンで大きな課題となっている事柄に、
異文化コミュニケーション、ダイバーシティの課題がありま
す。特に他の国や文化で育った人々との人間関係は構築・維
持が大変です。そこで不要なトラブルを招かないコツが、ま
ずは相手の言っていることの良し悪しの判断を避け、いった
んすべてを受け入れることです。冒頭の言葉は異文化コミュ
ニケーション論の研究者、エリン・メイヤーによるものです。
　具体的には以下のようなステップになります。

①違う文化に触れたときは良し悪しの判断を留保する
②なぜその違いがあるのか理解するよう努め、共通する部分
　を見出す
③違いを尊重した上で双方の共通部分を基に信頼関係を築く

Chapter
9

顧客の問題

品質の問題

人間関係の問題

モチベーションの問題

高度な問題解決

　たとえばアメリカ人などは、非常に合理的に利益を最大化しようとします。NPO などでも同様です。一方で日本では、必ずしもこうした行動をとりません。

　その背景には、やはり文化の差があります。日本ではなぜか、お金儲けをいやしいと思う文化が今でもあります。江戸時代の武士の考え方を引きずったものでしょう。一方、アメリカは基本的にプロテスタントの国です。プロテスタントの国では、合理的禁欲という発想があります。しっかりと合理的に考え働くことは、神に祝福される行為であり、その結果生まれる利益は大きいに越したことはないのです。

　これはどちらが正しいという問題ではありません。いったん善悪の判断は留保し、なぜ彼／彼女はそのように考えるのかをコミュニケーションなどを通じて理解していけば、自ずと互いの差を尊重するようになります。同時に共通項も見つかるはずです。相手がアメリカ人であれば、自由を愛すること、法治を好むことなどです。そうした共通項に目を向けつつ、お互いの文化と付き合うことが摩擦を減らします。

　文化に優劣はありません。ただ差があるだけという認識は、島国の日本人にとっては知っておくべき考え方と言えるでしょう。

キーワード
異文化コミュニケーション

モチベーションの問題を解決する技術

動機付け、アサインメント、学び

ビジネスは
モチベーション次第

　ビジネスパーソンが日常的に直面していながら、その問題の大きさを過小評価しているのがモチベーションの問題です。
　かつて京セラ創業者の稲盛和夫氏は、

ビジネスの成果＝
スキル×モチベーション（やる気)×方向性

　という掛け算で決まると示しました。グロービスではさらに、スキルの習得度合いはやる気の関数と考えています。これを重ね合わせると、結局、モチベーションの高さこそがビジネスの成否を最も大きく左右することになるのです。

　モチベーションはまた、自分1人だけが高ければいいというものではありません。ビジネスは通常チームで行いますし、パートナー企業と共同で何かをすることも多いでしょう。そのときに、自分だけモチベーションが高くても、他の人々のモチベーションが低ければ、これまた良い結果には結び付きません。

　モチベーションを常に高く維持するのは難しいことです。当然乱高下もします。しかし、仕事に取り組む一定期間を通

じて、あるレベルのモチベーションが維持されていなければ、やはり良い結果は出ません。本 Chapter では、低いモチベーションを高めるためのヒントを紹介します。

Chapter
10

顧客の問題

品質の問題

人間関係の問題

モチベーションの問題

高度な問題解決

Basic

082　ものの見方が
モチベーションアップの岐路

二人の囚人が鉄格子から
外を眺めた。
一人は泥を見た。
一人は星を見た

解説

　このフレーズは、コミック『ジョジョの奇妙な冒険』（荒
木飛呂彦著、集英社）の冒頭でも紹介されて有名になった、
詩人ラングブリッジによるものです。同じ環境でも、人によっ
て見えるものは違うという意味ですが、これはモチベーショ
ンにも大きく当てはまります。

　通常、モチベーションが低い人がぼんやりと見ているのは、
つまらない仕事、やる意義が見えない仕事、楽しくない仕事
です。しかし、それらがすべてつまらない、やる意義が見え
ない、楽しくないかというとそんなことはありません。

　どのような仕事にも、楽しいと思える部分もあれば、そう
でない部分もあります。現在は楽しくない部分が多いから「楽
しくない仕事」と判断しているのでしょうが、見る部分や見
方、意味づけを変えることでモチベーションを高めることが

可能となります。

　たとえば、営業の仕事がどうしても苦手な人間が営業に配属されたとします。通常は売上目標がついてきますから、数字に対する達成意欲が強くない人にとっては、非常に苦痛かもしれません。

　しかし、たとえば「顧客に喜ばれる」などは、多くの人にとって嬉しいことのはずです。であれば、そこにより注目し、「どうすればもっと顧客から『ありがとう』をもらえるかを考えよう」などと発想を変えると、モチベーションは上がっていきます。最初は売上げにつながらなくても、そうした行動は（しっかり考えるという前提はつきますが）しばらくすると結果につながるものです。

　営業数字が上がらないことが苦痛な人は、数字を「自分の人格を否定するもの」などと見るのではなく「ゲームの一部」のように捉えるといいかもしれません。あるいは、数字が多少悪かったところで自分の人生にとってトータルで大きな影響はない、などと割り切ることができれば肩の荷が少し下り、気が楽になってきます。

　バランスをとりつつ、見方や意味づけを変えてみるのは非常に効果的なのです。

キーワード
意味づけ

083

好きこそモチベーションの
源泉なれ

モチベーションを高める
最も大きな原動力は、
好きということである

解説

　好きな仕事をしているときにモチベーションが上がるのは
誰しもが経験されているはずです。冒頭の言葉は堀場製作所
創業者の堀場雅夫氏の言葉ですが、起業家であれば、（好き
というレベルを超えて）自分が情熱を傾けたくなるビジネス
を選ぶのはある意味、基本中の基本です。しかし、多くのビ
ジネスパーソンにとっては、必ずしも自分のやりたい仕事が
できるとは限りません。ではどうすればいいのでしょうか？

　1つの方法は、自分の好きな仕事にどんどん立候補するこ
とです。商品企画が大好きな人なら異動願いを出してみる、
あるいは社内の何かしらのプロジェクトやコンクールのよう
なものに機会を見つけて応募してみる、あるいは自分の仕事
の範囲内で、関連する業務を見つけそこでアピールするなど
はわかりやすいやり方です。そこですぐに望みは叶わなくて

Chapter
10
⌄

顧客の問題

品質の問題

人間関係の問題

モチベーションの問題

高度な問題解決

も、回数を繰り返すうちに思いが伝わることは少なくありません。しかし、そのためには、現在の仕事で最低限の結果は出しておかないと、単なるわがままになってしまいます。

　もう1つわかりやすい方法は、自分の得手不得手に合わせ業務の割り振り（アサインメント）を変えることです。たとえば細かい段取り（ロジ）が得意な人であれば、それを自分に任せてもらい、たとえば苦手なルーチンワークなどを他者に担当してもらうなどです。これも相応の実力や実績は必要ですが、お互いに得手不得手と好き嫌いが補完し合うのであれば、それをうまく交換することは非常に有効です。

　別のアプローチに、「好きになる」という方法もあります。「好きこそものの上手なれ」という諺がありますが、人間は逆に何事も得意になると好きになるという傾向もあります。たとえば筆者はかつて大勢の前でのスピーチは苦手でしたが、慣れてきてからは好きになり、今では全く気になりません。さらに言えば、今は文章を書くことはかなり好きですが、子どもの頃は作文は苦手で、できればやりたくないことの1つでした。一朝一夕に得意にならなくても、時間をかけて好きになっていくという方法もあるのです。

　その第一歩は自らに対する動機づけです。その際には、「これができればこんなこともできるようになる」という明るい未来を描く、あるいは利益実感を具体的にイメージすることが大事になってきます。

キーワード
アサインメント、利益実感

084　使命感のパワーを知る

人間とは、本来弱いものだ。だが、信念とか使命感で行動するときは、なぜか果てしなく強くなる

解説

　この言葉の主であるダイエー（後にイオンに吸収）創業者の中内功氏は、毀誉褒貶はありますが、日本のビジネス史に残るイノベーターであることは間違いありません。彼はスーパー・GMS業界の旗手としてダイエーを拡大していったわけですが、彼を駆り立てたものは「価格の決定権をメーカーから消費者に取り返すことで消費者に便益を提供する」という強い信念でした。

　その真骨頂は30年戦争とも言われた、松下電器（現パナソニック）との価格決定を巡る争いでしょう。最初にトラブルが起きたときの松下の社長はすでに「経営の神様」と呼ばれていた松下幸之助氏です。通常の若い経営者であれば松下電器や松下幸之助に喧嘩を売ろうなどという勇気は持てないものです。しかし、中内氏は先に掲げた信念を曲げず、裁判

にまで訴えて徹底的に戦ったのです。

　問題解決という文脈と絡めた場合には、自分自身がその問題に対して強い使命感を持てること、そして手伝ってくれる人にもその使命感を伝播させる（見方を変えると、使命感を共有できる人に手伝ってもらう）ことが大切になってきます。ただ、後者は重要なわりに、よく忘れられてしまいます。

　使命感を鼓舞する方法にはいろいろなものがありますが、やはり効くのはより高い視座から仕事の意味づけ(価値評価)をしてあげること、そして自尊心を刺激することです。「この仕事はあなたなしではできないし、会社にとって、社会にとってこんなに意味があるんだ。一緒にこの業界に革命を起こそう」などという言い方はやはり有効です（どのようなレトリックを用いるかにはセンスが問われますが）。

　ただし、そのためには相手の立場に立つことが大事です。関心や琴線を外したところで言を尽くしたとしても人は動きません。常日頃の人間観察力が問われます。

　これは一朝一夕にできるものではありません。だからこそ、常日頃からコミュニケーションをとりつつ、その人となりを知っておくことが求められるのです。部下や後輩のいる方であれば、彼らがビジネス人生の中で結局何をしたいのか、ぜひ把握しておきたいものです。若い方であれば、上司や先輩の使命感や野心を知っておくことも、彼らをうまく活用するためには大切なことなのです。

キーワード
仕事の意味づけ(価値評価)、レトリック

Basic

085 学びがモチベーションになる

やる気の源は、
発見し続けること

解説

　これは将棋棋士、羽生善治氏の言葉です。発見という言葉をより広義に援用すれば、「新しく役に立つことを見出すこと」「学ぶこと」と置き換えられます。昨今の変化の激しい時代、「このままではまずい」と思っている人間がほとんどでしょう。多くのビジネスパーソンは経営学やITの知識を始め、学びに飢えているのです。したがって、うまく学べる方法を見出すことが、自分自身のみならず、他者に対しても大きな動機づけとなるのです。

　ではどうすればよりよく学べるのか。『Learn Better』(アーリック・ボーザー著、英治出版) で示された下記6つのステップが役に立ちます。

①価値を見出す：そのことを学ぶことに意義を見出す

Chapter
10
顧客の問題

品質の問題

人間関係の問題

モチベーションの問題

高度な問題解決

②目標を設定する：適度にストレッチした目標、期限、戦略
　を創る

③知識とスキルを伸ばす：時間をとって練習する。また、他
　者からのフィードバックを活用する

④専門知識を発展させる：いろいろな場面に応用してみる。
　また、自分自身や他人に説明することも有効

⑤関係づける：物事がどう結びつくのかを知る。アナロジー
　を探したり、極端な仮定を置いて思考実験したりしてみる

⑥自分の理解を再考する：過信を止めるべく、自問する。ま
　た、自分はどう変わったかを内省する

　これらにより、単に学びが深まるだけではなく、自分自身
が変容していきます。新しい発見も加速度的に増していきま
す。また「自分にわかっていることはほんのわずかだ」とい
う謙虚さも強固なものになります。いろいろな意味で、学び
を効果的にすることは、キャリアを実りあるものにするのです。

---

column　学びは最高のエンターテインメント

　グロービスでは、学びこそが最高のエンターテインメント
であるということを言います。学ぶということは、言い方を
変えれば、昨日できなかったことができるようになる、変化
する、成長するという意味でもあります。その時々何を学ぶ
かをしっかり考えつつ、学ぶことを楽しむ姿勢がビジネス
パーソンの成長に大きな影響を与えるのです。

キーワード
ストレッチ、フィードバック、アナロジー、内省

086　自制力を高める

やる気が出ない自分を
許さない

解説

　モチベーションなどに関する書籍などで有名な著述家、ダニエル・ピンク氏は「モチベーションを高める方法は３つあります。１つ目は、なぜこれをやるのだろうと考えること。２つ目は、やる気が出ない自分を許さないこと。３つ目は、進歩のサイクルに自分を組み込むこと」と述べています。つまり、目的意識を持つこと、自分に厳しく接すること、そして学びを習慣化することがモチベーションアップの鍵だとしたのです。

　１つ目、３つ目はすでに直接的・間接的に触れましたので、ここでは表題にもなっている２つ目について述べます。

　自分に厳しくする方法を挙げると以下のようになります。

・ 目標を明確に持ち、実現可能な計画を立てる

・ 時間や約束は必ず守る

・ 妥協しない、方針を守る

・ 常に自省する

・ 原因は自分にあると考える

　逆に言えば、これができていない人は自分に甘い人間であり、モチベーションも一定以上には高くはならないのです。筆者の実感値からしても、これらをしっかりやっている人は強い意志があり、モチベーションも高く保たれています。

　ただ、ほどほどのモチベーションの人がこれらをすべて急にできるかと言えば難しいものがあるでしょう。そこで、まずはできそうなところからスタートするのが多くのビジネスパーソンにとって効果的です。

　たとえば上記のリストでいえば、多くの人にとって、最後の２つはなかなか遵守するのが大変ですが、最初の２つは比較的やりやすいはずです。まずは小さな成功体験を積むためにも、自分のやりやすいところから始めるというのは定番ですが有効です。

　一般にモチベーションは長続きしないものです。しかし、この３つがセットでできている人は、その持続性やモチベーションの高さは常人を大きく超えたものになるのです。

キーワード
進歩のサイクル、成功体験

087 職場のモチベーション向上は
リーダーの仕事

社員のやる気を引き出すには、
誰が考えても
おかしいと思うことを
ひとつずつ、止めていけばいい

解説

　ここからは一段視座を上げ、リーダー、マネジメントが実践すべきモチベーション向上策について述べましょう。

　グロービスでも人気講師だった人材・組織論の第一人者、八木洋介氏は、上記のように語ることで職場のモチベーションアップのヒントを提供しています。これは、ハーズバーグの衛生要因・動機付け要因の理論に基づけば、衛生要因をまずしっかりつぶしていこうということになります。

　ハーズバーグの理論によれば、衛生要因（上司の管理方法、労働環境、作業条件［金銭・時間・身分］）は直接的に人々を動機付けるものではありません。不満は解消されるものの、そのことが満足感やモチベーションを高めるとは限らないのが衛生要因というのが一般的な理解です。一方、動機付け要因（仕事の達成感、責任範囲の拡大、エンパワーメント、能

力向上や自己成長、チャレンジングな仕事など）は、従業員に適切に与えられることで、直接的に満足を高め、モチベーションを向上させることにつながるとされています。

　仮に衛生要因が満たされていない状況で動機付け要因を与えたところで、不満は解消されませんから、従業員のモチベーションは上がりません。逆に、従業員のモチベーションが低いところに衛生要因だけを追加しても、モチベーションの向上にはつながらないというのがハーズバーグの主張です（実際には人のモチベーションはここまで単純ではなく、ハーズバーグの理論への反例も提唱されていますが、整理・理解のしやすさから今でもよく用いられています）。

　こうした理論的背景を知悉している八木氏があえて衛生要因に触れたのは、それだけ動機付け要因以前の衛生要因が貧弱な企業や職場が多いということでしょう。

　たとえば最近はセクハラ、パワハラなどが弾劾される空気が強くなったので減りましたが、近年までは酒席の場では若い女性社員がお酒を注ぐ、若い男性社員は使いっぱしり役で、芸を強要されたら応じなくてはならないなどはよくあることでした。理由は「昔からそうだ」など本当につまらないものです。これでは職場のモラルが下がってしまいます。

　エンパワーメントやチャレンジングな仕事のアサインメントなど、動機付け要因が意識されるのは望ましいことです。しかしその前に、しっかり衛生要因をつぶしておかないと、それも効果半減なのです。

キーワード
衛生要因、動機付け要因、エンパワーメント

088 慢心を避けよ

強敵がいなくなれば、こちらの力も弱くなる

解説

　モチベーションが下がる、あるいは最高レベルからは落ちてしまうシーンの１つに、自分たちが業界の良い位置におり、競争上の脅威が小さいということがあります。つまり、しゃにむに頑張らなくてもある程度の成果が期待できるときには、人間のやる気は少し下がり目になってしまうのです。冒頭の言葉は徳川家康によるものです。

　企業全体としてモチベーションが高まるのは、通常は健全な危機感があるときと、明るい未来（ビジョン）があるときです。この２つをバランスよく提示していくことが、リーダー的立場の人間にとっては重要になります。

　健全な危機感をあおる方法の１つに、ライバルの存在の

強調があります。時には存在しない仮想敵をイメージさせることもあります。たとえばマイクロソフトのCEO時代のビル・ゲイツは、Windowsが絶好調の時代に、「いつ今日のガレージ企業が自分たちを打ち破るかわからない」と発破をかけることで社員を鼓舞しました。

　ライバルを意識するというのは、個人レベルでも効果的です。皆さんにも「こいつには負けたくない」という人間が1人や2人くらいはいるのではないでしょうか。そうした人間と切磋琢磨することは非常に効果的です。

　仮に同じ企業にいない場合でも、自分の仕事がうまくいっているときにこそ、「今頃、彼／彼女はもっと頑張って良い仕事をしているかもしれない」と自分を鼓舞することもできます。

　社内で誰かを仮想ライバルにすることも可能です。先輩や上司であっても構いません。彼／彼女にできるのに、どうして自分にはできないのか、といった健全なライバル心は、人を新しい学びや挑戦へと駆り立てるものなのです。

キーワード
仮想敵

高度な
問題解決の技術

システム思考、ゲーム理論、インセンティブ

問題は単純ではない

　ここまでの章は比較的因果関係が明確な問題、あるいは昔から先人の知恵の豊富な問題解決を紹介してきました。

　しかし、現実にはより複雑な問題に直面することもあります。たとえば、どちらも原因であり、結果でもあるがゆえに打ち手を間違ってしまう「ニワトリと卵（チキン-エッグ）」的な事象は多いですし、さらに因果関係が複雑に絡み合うケースなども少なくありません。

　また、特にPart1（基礎編）では「大きな原因には大きな結果が対応し、小さな原因は小さな結果をもたらす」ということを前提にしてきましたが、実際の因果関係はそれほど簡単ではありません。こうした場合は、単純な要素還元的な発想ではなく、やや高度な発想をしないと問題は解決しません。

　最近の研究が解き明かした新しい問題解決の方法も生まれています。たとえばリーダーシップの研究などはかつてよりもより実証・検証が進み、それまでとは異なるリーダーの関与などが求められるようになっています。

　また、問題解決に経済学やゲーム理論などのやや高度な理論が応用されるようになってきてもいます。これらはMBAの知識の中でも比較的難易度の高い分野であり、必ずしも必修科目として教えられているわけではなく、多くの人がマスターし切れているわけではありません。

　最終 Chapter となる本 Chapter では、こうしたやや複雑な問題や、近年の研究や実験がもたらした新しいタイプの問題解決についてご紹介していきます。

Basic

089 構造を暴き出せ

原因と結果は、時間的にも空間的にも近くにあるわけではない

解説

『最強組織の法則』（徳間書店）などでも名高い、システム思考の第一人者であるピーター・センゲは、事象や因果関係が複雑に絡み合う問題解決についてさまざまな考察を行いました。そして、多くのケースでは、因果関係はそれほど明確ではないことを指摘したのです。彼が提唱したのは、システムをまずはしっかり理解することです。ここでいうシステムとは、「相互につながっている一連の構成要素」です。1つの生命もシステムですし、生態系もシステムです。また、当然、企業や業界などもシステムと見なすことができます。

その上で、図25のような関係をしっかりと俯瞰しつつ理解することが大事です（このような図を**システム・ダイナミクス・モデリング**と言います）。

図25 込み入った因果関係を理解する

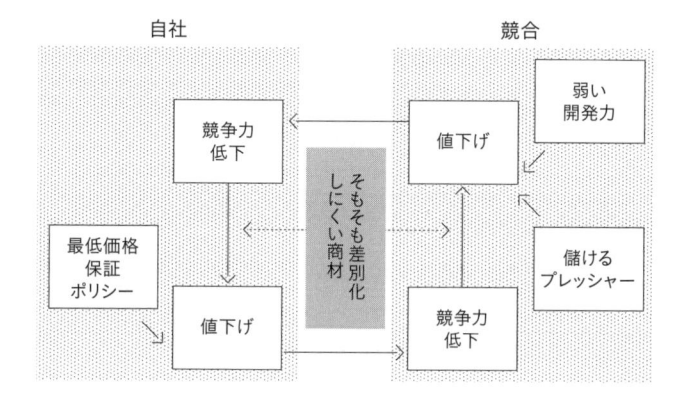

このケースでは、自社内のみを見ていたのでは問題解決につながりません。相手企業の発想や、そもそも差別化しにくい商材であることなどを理解することが問題解決の糸口となります。

こうしたダイナミックな構造を掴むためには、視座を高め、視野を広く持つこと、そして時間軸を意識したイマジネーションが非常に重要になってきます。数値の動きも当然しっかり分析します。

その上で、関係しそうな関係者などを洗い出し、必要に応じて彼らの考え方を探ります。現場を丁寧に観察したり、場合によっては関係者へのヒアリングを行うこともあります。そうして、得られた知見などをもとに、さらにシステムを明確にしていくのです。

その際、要素間の相互作用を強く意識することが大切です。

また、どこまで検証すべきかは、緊急性や問題の大きさにもよりますが、関係図を作りっぱなしにするのではなく、本当にそうなのかをしっかり検証することが必要です。

▌図26 ループ図とシステム原形

単純なループ図の
イメージ

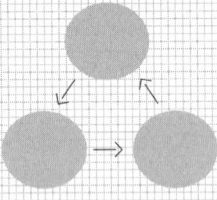

単純なシステム原形の
イメージ

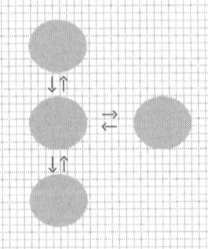

　また、システム思考をする上で状況を可視化するその他の
ツールに、時系列変化パターーングラフと「ストック／フロー
図」などがあります。詳細は専門書に譲りますが、このよう
なツールがあることは認識しておきましょう。

顧客の問題

品質の問題

人間関係の問題

モチベーションの問題

高度な問題解決

キーワード
システム思考、システム・ダイナミクス・モデリング、ループ図、システム原形、ストック、
フロー

090 思い込みを変えよ

構造とメンタルモデルに働き掛けよ

解説

　これはセンゲと並んでシステム思考を世に広めたドネラ・メドウズの言葉です。「構造に働き掛ける」とは、たとえば先の図25でいえば、自社の最低価格保証という制度を止め、知恵を絞って何かしらの差別化要因を創り出すなどです。

　もう1つ重要なのは、その構造の背景にあるメンタルモデルを変えることです。メンタルモデルとは、物事の見方や行動に大きく影響を与える固定観念や暗黙の前提を指します。図27の、網がけ部分がメンタルモデルに相当します。

　多くのケースでは、このメンタルモデルこそが問題が解決しなかったりこじらせたりする原因となっています。別の例でいえば、女性活躍をうたいながらも、「女性に負けるのは嫌だ」という男性が多ければ、結局、女性活躍は進みません。

　メンタルモデルを変えるのはなかなか難しいことではあり

■図27 残業が増える構造

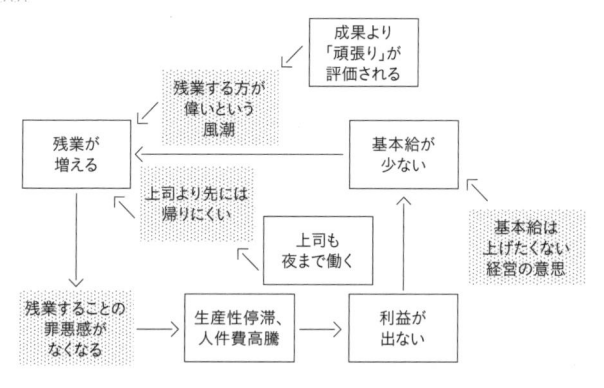

ますが、企業レベルであれば、まずなぜそのようなメンタル
モデルが出来上がったのかを関係者で議論してみます。そし
てその前提を理解した上で、その思い込みに意味があるのか、
競争上の邪魔になっていないかなどをさらに議論します。こ
うした議論や対話を繰り返すとともに、同時並行でそのメン
タルモデルを変える施策を打つ（例：図27の残業の例であ
れば、実績や生産性重視の評価に変えるなど）とメンタルモ
デルは変わりやすくなります。

　先の女性活躍の問題であれば、ある程度強引にアファーマ
ティブ・アクション（優先的にマイノリティを優遇する政策）
を進め、女性管理職などを増やすと、中期的には「まあ、そ
んなものだ」とメンタルモデルが変わっていったりするので
す（なお、アファーマティブ・アクションなどは、そこに大
勢が納得する大義があることが必要です）。

キーワード
固定観念、暗黙の前提、アファーマティブ・アクション、大義

Basic

091 複雑系で適切に行動する

過去との最大の違いは複雑性のレベルにある

解説

　複雑系の状況におけるマネジメント研究で有名なリタ・マグレイスは、昨今のさまざまな問題解決が難しくなった理由として、複雑系の複雑さが増したことを指摘しています。

　複雑系とは、要素の結びつきが複雑で、時間経過に伴う変化が捉えきれないもの一般を指します。昨今の世界経済などがその典型です。関連する要素やその関係性があまりに多く、かつ多種多様すぎて、Basic089やBasic090でご紹介したシステム思考をもってしてもなかなか追いつかない複雑な系と考えていただいても構いません。

　こうした状況下では、予測が難しい上に現状把握すらままなりません。現状把握はもちろんのこと、ビジネスはある程度予測を織り込みながら動くものです。それが難しくなることは、ビジネスのあり方を大きく変えてしまうのです。では、

こうした複雑性が増す中で我々はどう動くべきなのでしょうか?

決定的なソリューションはありませんが、マグレイスは以下の3つを提唱しています。

●予測手法を改善する

たとえば、より最新のシミュレーション手法を活用する、滅多に起こらないはずの「ブラック・スワン」的な事象により大きな注意を払う。

●リスク・マネジメントを改善する

たとえば、トラブルが起きても切り離せるようにシステムを作る、ストーリーを活用する、極端な「ホワット・イフ分析」を用いる。

●賢いトレード・オフを創る

たとえば、リアル・オプション(一気にすべてを意思決定するのではなく、状況に応じて意思決定する自由度を作る手法)を用いたり、思考の多様性を活用する。

これらですべてが解決するわけではありませんが、「複雑すぎて訳がわからない」となる前に、転ばぬ先の杖として理解しておくと良いでしょう。

キーワード
複雑系、予測、ブラック・スワン、リスク・マネジメント、トレード・オフ、リアル・オプション

092 適応課題こそが真の課題

重要な問題は
テクニカルなものではない

解説

　ハーバード大学のリーダーシップコースの人気教授である
ロナルド・A・ハイフェッツは、共著『最難関のリーダーシッ
プ』（英治出版）で、現代のビジネスパーソンが直面する重
要な問題の多くは技術的（テクニカルな）問題ではなく、適
応課題だと述べています。その上で、「アダプティブ・リーダー
シップ」を提唱し、**適応課題に対応できるリーダーこそがこ
れからのリーダー像である**としています。

　技術的問題とは、これまでの知見やノウハウを用いること
で解決できる問題のことです。

　一方、適応課題とは、多くの場合、人々の価値観や信念が
複雑に絡み合う課題です。たとえばITやロボティクスの進
化に合わせて業務のプロセスを大きく変更しようとする場合、
抵抗を示したり、やる気を失う人が出るのはある意味当然で

図28 技術的問題と適応課題

課題の種類	問題の特定	解決法	作業の中心
技術的問題	明確	明確	権威を持つ人
技術的問題かつ適応課題	明確	学習が必要	権威を持つ人と問題の当事者
適応課題	学習が必要	学習が必要	問題の当事者

出所：ロナルド・A・ハイフェッツ他『最難関のリーダーシップ』英治出版、2017年

す。そこで彼らに変わってもらうためのさまざまな働き掛けを戦略的に行う必要性が生じるのです。

ハイフェッツらは、「1. システムを診断する」「2. システムを動かす」「3. 自分をシステムとして認識する」「4. 自分を戦略的に動かす」の４つのステップを提唱しています。ここで、Basic089 などで紹介したシステム思考が生きてきます。

また、政治的な部分（利害関係や他者からの期待など）に注目しているのも特徴的です。システムの診断の際にも政治的状況の把握を重視していますし、システムを動かす際にもいかに政治的に適切に介入するかという点を重視しています。

３と４は自分自身のリーダーシップに関する部分であり、これについては Basic093 で後述します。

人間には感情や思い入れがあり、また人が何人か集まると必ず複雑な関係が生じることを意識しておきたいものです。

キーワード
最難関のリーダーシップ、技術的問題、適応課題、アダプティブ・リーダーシップ

顧客の問題

品質の問題

人間関係の問題

モチベーションの問題

高度な問題解決

問題解決は
リーダーシップ次第

理詰めで
答えが得られないときが、
リーダーシップの出番だ

解説

　前項 Basic092 で紹介した適応課題の解決に当たっては、技術的問題の解決以上に自身のリーダーシップが強く求められます。

　本項では、「3. 自分をシステムとして認識する」「4. 自分を戦略的に動かす」について説明します。

　まず、**自分も介入しようとしているシステムの一部である**という認識が適応課題では重要です。特に意識すべきは、誰にどのような忠誠心を抱いているのかを認識すること、自分がどのようにチューニングされているか（過去の体験や属性、文化的背景などからどのような影響を受けているか）を理解すること、そして能力の容量を知り、それを最大化することです。

特に能力向上では、無秩序や曖昧さ、緊張感を許容する力を高めることが非常に重要になってきます。それなくしては未知の領域に飛び込めないからです。この能力を上げるのは容易ではありません。最後に重要になるのは、コンフォートゾーン（居心地のいい場所）を抜け出す意思の力になります。いきなり今のコンフォートゾーンを抜け出すのではなく、徐々にその範囲を広げ、自分のリミットを上げることが効果的です。そのためにも、何が本当に大切な目的で、自分を危険にさらしてでも挑戦したいかを明確にすることが必要になります。

次に、自分を戦略的に動かすには、**「目的とつながり続ける」「勇気を持って参画する」「人を鼓舞する」「実験を行う（適応課題への挑戦は実験にすぎないと割り切る）」「成長し成功する」**の5つが有効とされています。

最初の3つは、人を動かすべく、自分も変わることに主眼を置いており、後者の2つは燃え尽き症候群への対策を含みます。

ここでもポイントは意思の力となります。これらを実行しながらコンフォートゾーンを抜けだそうとするあなたの姿を皆は見ており、それが適応課題解決の力になっていくのです。

キーワード
忠誠心、チューニング、コンフォートゾーン、実験

Basic

094　解は相手が持っている

コンサルティングとは
人の手助けをすること

解説

　コンサルティングというと、クライアントからの要望に応えて、リサーチを行い、問題解決のソリューションを考案・提示し、現場の実行支援をする、というイメージを持たれている方も多いでしょう。事実、大手の戦略系コンサルティング会社のアプローチは概ねそのような感じになります。

　一方で、別のアプローチも存在します。その代表が、相手の思考プロセスに介入することでクライアント自らが答えを見つける手助けをするプロセス・コンサルティングです。上司―部下の関係に例えれば、適切な質問や支援を与えることで部下自らに解を発見させるコーチングに似ています。

　この分野の実践者にして研究者でもあるエドガー・シャインは、このアプローチの方が長い目で見てクライアントの助けになり、組織内への応用もしやすいと述べています。上記

のコーチングなどはまさにその例で、考えさせ、実践させる
支援をすることは、短期にとどまらず部下の成長を促します。
　シャインは『プロセス・コンサルテーション』（白桃書房）
で、プロセス・コンサルティング10個の原則を示しています。

①常に力になろうとせよ
②常に目の前の現実との接触を保て
③あなたの無知にアクセスせよ
④あなたのすることはどれも介入である
⑤問題を抱え、解決法を握っているのはクライアントである
⑥流れに身を任せよ
⑦タイミングが極めて重要である
⑧真っ向から対決する介入については、建設的にオポチュニ
　スティックであること
⑨すべてはデータである。誤りは常に起こりうるものである
　が、それがまた主要な学習のきっかけになる
⑩疑わしいときは、問題を共有せよ

　自分自身の無知に謙虚になる、介入のタイミングを適切に
図る、学習を重視するなどはまさにプロセス・コンサルティ
ングの大きな特徴です。一朝一夕に適切な介入（特に本質を
暴きだす質問や、相手にとって耳の痛い進言）ができるよう
になるわけではありませんが、1つのアプローチとして理解
し、身の回りで応用できないかを考えてみたいものです。

キーワード
プロセス・コンサルティング、コーチング、質問、介入

Basic

095　人を助けるための関係性を
意識せよ

人を正しく導くには
レベル2の関係を維持せよ

解説

　前項で紹介したシャインは、他者の問題解決を手助けする上で最も好ましいのは、「レベルマイナス1」から「レベル3」の4つの関係性の中で、「レベル2の関係」としています。

　この関係性においては、相手は単なる事務的な仕事相手ではなくなり、もっと個人的な話のできる親密な関係となります。役職や表面上の役割以上に、個人としての信頼関係が問題解決のベースになってきます。両者が腹を割って情報を交換し、約束を守り、生産的な対話（ダイアローグ）を行うことが、問題解決やそれに必要な自己変容を促すのです。

　それに対して、シャインが好ましくないとしたのが、その他の3つ——「レベルマイナス1の関係」「レベル1の関係」「レベル3の関係」——です。

　「レベルマイナス1の関係」とは、非常にネガティブある

いは敵対的な関係であり、よほどの強制力が働かない限り、好ましい結果が生まれないものです。

次に「レベル1の関係」とは、一般的なビジネスパーソンに必要とされる、認め合う、礼儀正しい関係性を指します。これは、医師や弁護士、SEといった専門職と彼らのクライアントとの間において最も一般的でよく見られる関係性です。この関係性が特に機能するのは、医師が病気を診断・治療したり、弁護士が法的サービスを提供するケースです。

この関係性の弱点として、往々にしてクライアントが心を開かず、知らせるべき情報を知らせないというケースが生じることがあります。こうしたケースでは、仮に専門家の提供する知見やサービスのレベルが高くても、必ずしも効果的に機能しないのです。

行きすぎた関係とも呼べるのが「レベル3の関係」で、特別な感情が湧いていることが多くなります。この関係性の下では、支援を要求されたときにはいつでも積極的に応じることが期待されます。それゆえ、往々にして慣れ合いやえこひいき、場合によっては癒着が生じることがあるのです。また、支援に歯止めもかかりにくく、費用対効果の意識も薄れることから、ビジネス上は好ましくないとされます。

もしコーチング的な問題解決アプローチ、プロセス・コンサルティング的なアプローチがうまくできていないとしたら、自分と相手の関係性がどうなっているか、まずは見直してみるのが効果的です。

キーワード
行動変容、レベルマイナス1の関係、レベル1の関係、レベル3の関係

096 イノベーションは
組織の壁を破るところから

水平的なコミュニケーションを
活性化せよ

解説

かつてピーター・ドラッカーは「企業にとって最も重要な活動はイノベーションとマーケティングだ」という旨の発言を残しました。マーケティングについてはかなり体系化が進んでいますが、イノベーションはなかなか体系化が難しく、実際に多くの企業にとってイノベーション不足は悩みの種となっています。

その原因にはさまざまなものがありますが、最も大きな理由の１つに、なされるべきコミュニケーションがなされていないということがあります。具体的には、組織の中の部門間をまたいだり、企業をまたぐようなコミュニケーションが圧倒的に不足しているのです。まずはここから手をつけるのが、単純ではありますが効果的なことがわかってきています。

Chapter
11
⌄

顧客の問題

品質の問題

人間関係の問題

モチベーションの問題

高度な問題解決

フェイスブックなどのイノベーティブな企業では、垂直的なコミュニケーション（上と下のコミュニケーション）以上に水平的なコミュニケーションに重きを置いています。職位や経験などにこだわるのではなく、動機や目的を共有する同士が横方向に自由にコミュニケーションすることで、新しいアイデアが生まれたり、アイデアの評価がしやすくなるのです。

その理由の1つに、水平的なコミュニケーションでは感情や好き嫌いといった主観的情報が伝わりやすいということがあります。イノベーションは単なる知恵のぶつかり合いではなく、主観のぶつかり合いから生まれるという点が大事なのです。

水平方向のコミュニケーションが増えることのもう1つのメリットは組織のサイロ化（タコツボ化）の回避です。かつてソニーが3つの似たようなウォークマンを新商品として開発したことがありましたが、これなどはまさにサイロ化の弊害です。経営資源の無駄遣いですし、組織間で不毛な対立が起こることにもなりかねません。

水平型のコミュニケーションが活発になると、こうしたことがいかに馬鹿げたことかがよくわかってきます。水平的コミュニケーションを活発化することは組織に何重ものメリットをもたらす可能性を秘めているのです。

キーワード
イノベーション、感情、主観、サイロ化

Basic

097

人が行動を変える上で
「何がアメと鞭になるか」

インセンティブを
変えよ

解説

　経済学にインセンティブの経済学という分野があります。
これは、人間の合理的、非合理的な行動に注目するもので、
人に望ましい行動をとってもらうためにどのようにインセン
ティブ（アメと鞭）を設計すべきかというものです。これは
問題解決にも応用されており、効果も上げていますのでここ
で簡単に紹介します。

　この分野についてユニークな切り口から紹介した経済学者
に『ヤバい経済学』『超ヤバい経済学』（東洋経済新報社）の
共著者であるスティーブン・レヴィットらがいます。
　彼らが提示した例に以下のようなものがあります。アメリ
カのある州で、テストの成績の良いクラスの先生に金銭的
ボーナスが支払われるようになりました。その結果、何が起

こったでしょうか？　一生懸命にわかりやすく教えるのではなく、インチキ（答案の書き換えなど）をする先生が多発したのです。そこで教育委員会は、そのような書き換えをしている先生を見抜くコンピュータアルゴリズムを作りました（例：不自然な正答箇所が続くなど）。そして実際にインチキをした先生を見つけ出し、厳しく忠告することで、そうした先生を徐々に排除していったのです。

この過程で、良い先生のクラスのテストのパターンも発見されました。前に間違ったところで同じ間違いをしないなどです。そうしたクラスの生徒は、学年が上がっても良い成績が保たれたそうです。

結局、教育委員会はテストの点数に金銭的インセンティブを与えるのを止め、良い先生に長期的に報いることにしたのです。

別の例では、医師の評価があります。「手術の成功率」が大事な評価項目とされていたとしたら、医師はどのような行動をとるでしょうか？

皆がそうというわけではありませんが、自信のない医師なら、最初から成功が難しそうな手術は引き受けないというやり方をとるでしょう。これは縮小医療を招き、世の中全体にとって好ましい話ではありません。KPIとして何を採用するかでも当然人の行動は変わるのです。

類似の例は、プロ野球選手の守備率にもあてはまります。守備率とは、

　1 －（エラー／守備機会）

で計算される数字です。もし守備の成績をこの数値のみで評価してしまうとどうなるでしょうか？　この数字を高く維持したいなら、「エラーしそうな打球は処理（特に送球）しない」のが手っ取り早い方法になります。

　本来であれば二遊間や三遊間に飛んだ難しい打球を処理してランナーをアウトにするのが野球というスポーツの醍醐味の1つですし、チームの勝利にもつながります。

　しかし、そうした打球を処理しようとするとエラーをしてしまう可能性が高まるため、最初から処理しようとせず、見逃してヒットにしてしまう方が、このケースでは守備選手の評価が上がるのです。これはおかしな話です。

　実際のプロ野球チームではこのようなことはされておらず、もっと多様な KPI をバランスよく見ることで選手の行動を最適化しようとしています。

　インセンティブの与え方をうまく用いている例にベンチャー企業のストック・オプションがあります。通常、ベンチャーは高い年俸を支払うのは難しいので、ストック・オプションという将来の夢を与えることで人々のモチベーションを高めているのです（もちろん、ワクワクするビジョンなどの非金銭的なインセンティブも重視されます）。

人間を動かすインセンティブに注意を払い、うまく制度に組み込むことは、家庭でも職場でも、社会問題でも非常に有効なのです。

キーワード
KPI、評価、ストック・オプション

Basic

098 人は他人からの評判を
気にする

周りからの評価を
利用せよ

解説

　経済学を活用した問題解決でよく知られた事象に「託児所の遅刻に罰金を科す」というものがあります。これはイスラエルで、託児所のお迎えの時間に 10 分以上遅刻した親に 3 ドル程度の罰金を科すというものでした。

　普通に考えれば、親はこの罰金が嫌で遅刻しないように努力しそうなものです。しかし結果は全く逆で、親は「遅刻してもお金を払えば済む」というお墨付きを得たことで、かえって堂々と遅刻するようになり、罰金を科す前より遅刻件数が激増したそうです。

　これを避けるための 1 つの方法は罰金をもっと高額にすることですが、それでは若干スマートさに欠けます。

　『ヤル気の科学』（文藝春秋）の著者、イアン・エアーズは、そこで周りからの評価を利用することを提案しています。た

Chapter
11

顧客の問題

品質の問題

人間関係の問題

モチベーションの問題

高度な問題解決

とえば、親が10分以上遅刻したら、職員（特にその中でも最も貧しい職員）が託児所に3ドルの罰金を払うようにするといいという提案です。

親の立場から見れば自分の懐は痛みませんが、おそらく周りからの評判はかなり下がってしまうでしょう。「あの人は月に3回も遅刻して……」などという噂が立ったり、そのような評判が確立することは誰も好みません。「良心の呵責」という痛みと「評判の毀損」という痛みに直面することで、人の行動を大きく変えうるのです。

より身近な例では、連帯責任も似たような構造になっています。筆者は個人的には連帯責任（特に罰則系のもの）は好みませんが、自分の評判を落とすような鞭を準備することは、他人からの評判や信頼がより重みを持つこのIT時代において（ブロックチェーンや、シェアリングエコノミーにおけるレーティングなども評判重視の文脈で説明することができます）、非常に強力な問題解決の手法となりうるのです。

キーワード
評判、連帯責任、ブロックチェーン、レーティング

Basic

099 ゲーム理論の
基本を押さえよ

現実世界を悩ませている
重大なゲームの多くは、
囚人のジレンマである

解説

　ゲーム理論とは、複数の当事者（プレーヤー）が存在し、
それぞれの行動が影響し合う状況（ゲーム）において、各人
の利益（効用）に基づいて相手の行動を予測し、意思決定を
行う考え方を指します。

　その中でも最も有名かつ、研究が進んでおり、ビジネスシー
ンでも登場するモデルが囚人のジレンマです。これは個々が
好ましいと思い合理的な選択をした結果、全体にとって望ま
しくない結果になってしまうゲームです。

　このゲームには、AとBという2人の囚人（プレーヤー）
が登場します。2人は今別々の部屋に閉じ込められて尋問さ
れています。そして看守から次のような言葉で心を動かされ
ています。

　「君だけが自白すれば、無罪にしてやる。ただし相棒は懲役

20 年になる。互いに黙秘しあうならお互いに懲役 5 年、逆に、お互いに自白しあうなら懲役は 10 年だ」

　2 人はこう考えるでしょう。

「互いに黙秘すれば懲役 5 年か。自白したら無罪放免。いや、相手だって同じことを考えるな。そしたら 10 年か。でも、相手だけに自白されたら 20 年。これはまずい。自分も取りあえず自白するしかないか……」

　このように、全体を見れば双方が黙秘の方が良いとわかる一方で、相手の裏切りや個人の利益を考えるとその選択肢を選ぶことが難しくなる──これが囚人のジレンマです。

　囚人のジレンマの難しさは、仮にプレーヤーがコミュニケーションすることができて協力の約束ができていたとしても、相手の裏切りを恐れて結局は損な選択をしてしまうということです。

▌図29 囚人のジレンマ

個々が好ましいと思い合理的な選択をした結果、
全体にとって望ましくない結果になってしまう

		囚人B	
		自白	黙秘
囚人A	自白	懲役10年	Aは無罪放免 Bは懲役20年
	黙秘	Aは懲役20年 Bは無罪放免	懲役5年

ビジネスにおいては、競争そのものも囚人のジレンマと見なせますし、多くの取引も囚人のジレンマの関係にあります。たとえば、値下げ競争なども囚人のジレンマの構造で説明できますし（お互いに値下げをすると双方にとって好ましくないことはわかっていても、自分だけが値下げしないわけにはいかない）、生物資源の乱獲や公害防止への取り組み（例：乱獲して資源が枯渇することは好ましくはないが、自分だけが捕獲量を減らして、相手がどんどん捕獲するのは困る）も同様です。

　では、この難しい囚人のジレンマの状況はどのように回避できるのでしょうか。典型的なものを挙げると、以下があります。

●適切な規制を設ける
例：生物資源の乱獲を法で規制する。この場合、誰が規制の当事者になるかが強制力などにも影響するため重要になります。

●共謀する
例：業界である種の「共謀」をする。なお、共謀はカルテルのように法で禁止されている場合もありますが、法で禁止されていない紳士協定的なものの場合、むしろ無駄な体力勝負を回避でき、消費者に利益をもたらすケースが少なくないことが知られています。

Chapter
11
⌄

顧客の問題

品質の問題

人間関係の問題

モチベーションの問題

高度な問題解決

●報復する

囚人のジレンマにおいて、「裏切り得」が許されず、相応の
報復が確実に返ってくる状況を作ると裏切りは減ります。

●信頼を築く

お互いが誠実に行動する結果、裏切りがなくなるのは好まし
い状況です。ちなみに、囚人のジレンマの状況が一度きりで
はなく何回も繰り返される場合、まずは互いに誠実に行動し、
相手が誠実な限り、こちらも誠実に振る舞い、相手が裏切っ
た場合にはすぐに報復するという対応をとると、裏切りは減る
ことが知られています。これをしっぺ返しのルールと呼びます。

●関係性を活かす

特に協力したいという内発的動機を醸成することは有効です。

　ここでは囚人のジレンマのケースを示しましたが、その他
にもゲーム理論を活用してやや複雑な問題を解決した例は数
多くあります。そのすべてを紹介することはできませんが、
『世界の一流企業は「ゲーム理論」で決めている』(デビッド・
マクアダムス著、ダイヤモンド社)『戦略的思考とは何か』(ア
ビナッシュ・ディキシット他著、CCCメディアハウス)『エー
ル大学式4つの思考道具箱』(イアン・エアーズ他著、阪急
コミュニケーションズ)といった書籍などは一度眼を通して
おくと参考になります。

キーワード
規制、共謀、報復、しっぺ返し、信頼

Basic

100

ゲームの構造から
対策を講じる

レモン市場を解消する鍵は
粉飾コストを上げることと
情報公開

解説

　もう1つゲーム理論の発想で問題を解決するパターンを
紹介しましょう。レモン市場とは、情報の非対称性ゆえに粗
悪な商品が出回る市場を指します。これをどのようにすれば
効率的な市場にできるかというのが問題です。

　ある中古車市場を想定しましょう。売られている中古車の
うち、良品と不良品が半々の比率で混ざっているものと想定
します。売り手はすべての製品が良品か不良品かがわかりま
す。良品の場合は150万円、不良品の場合は75万円で売る
ことができ、売り値の10%の儲けが出るとします。

　一方、消費者は、どれが良品で不良品なのか見分けること
はできません。

　ここで、売り手は、ほぼコストをかけずに細工を行うこと
により不良品を良品に見せかけることができるとします。こ

Chapter
11

顧客の問題

品質の問題

人間関係の問題

モチベーションの問題

高度な問題解決

のとき買い手である消費者はどのような行動をとるでしょうか？

　彼らが知っているのは、良品と不良品の比率が半々であるということだけです。であれば、期待値である112.5万円（[150万円＋75万円]／2）の価格を超えると車を買わないことが予想されます。

　では、売り手が車の値段を112.5万円に下げるかといえば、それでは良品を売ったときに儲けが出なくなってしまいます。もともとの良品のコストは150万円×0.9＝135万円だからです。

　そこで、中古車販売業者は良品を並べるのを止めるかその比率を下げ、不良品を112.5万円で売ろうとします。するとその中古車販売店の評価は下がりますから、ますます顧客は安価でないと買わなくなります。こうした悪循環が続く結果、最終的に良品は売り場から姿を消し、不良品のみが75万円で売られるという事態になってしまうのです。これがレモンの市場で、ある意味「悪貨は良貨を駆逐する」の状況となります。

　このような状況を避ける1つの方法は、粉飾コストを高くすること（粉飾がバレたときの罰則を重くするなど。図30参照）、そして情報開示の徹底を促すことです。そうすることにより、売り手は粉飾をするインセンティブがなくなり、市場は正常に機能するのです。罰則は、すべてを調査するとコストがかかりますので、発見された違反者に極めて高額の懲罰的罰金を科すことで他の業者に対する牽制とするなども

図30 粉飾コストを高める

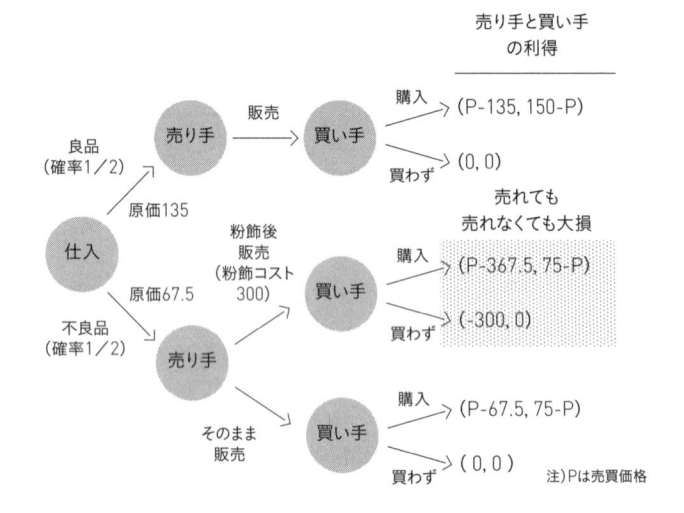

費用対効果が高く有効です。

　実際にこの手段が用いられたのがかつてのアメリカのIPO（新規公開株式）市場でした。それまでは、情報の非対称性をいいことに、企業は業績の粉飾（あるいは粉飾まがいのこと）を行うことで、投資家は儲けられる可能性の小さい銘柄を高値掴みさせられていました。これではIPO市場全体が長期的には縮小してしまい、ひいてはベンチャーの育成や国の競争力にも悪影響が出ます。そこで当局は、粉飾に対する罰則を強化し、また情報開示（ディスクロージャー）を徹底することで情報の非対称性を小さくし、市場の機能を正常化させていったのです。

　こうしたところでもゲーム理論の考え方が問題解決に結びつくのです。図30に示したようなゲームの構造を正しく理

解し、その構造を適切に変え、人々の行動を変えることが重要です。

　なお、冒頭の言葉は経済学者チャールズ・ホルトらの言葉です。

キーワード
情報の非対称性、情報公開

ＭＢＡ キーワード一覧

サ行

参考図書

全般

『グロービス MBA クリティカル・シンキング』（グロービス経営大学院著、ダイヤモンド社）

『グロービス MBA クリティカル・シンキング　コミュニケーション編』（グロービス経営大学院著、ダイヤモンド社）

『ビジネス仮説力の磨き方』（グロービス著、ダイヤモンド社）

『グロービス MBA キーワード　図解 基本ビジネス思考法 45』（グロービス著、ダイヤモンド社）

『グロービス MBA キーワード　図解 基本レームワーク 50』（グロービス著、ダイヤモンド社）

『トヨタ流　仕事の極意　「口ぐせ」「上司」「片づけ」「育て方」「問題解決」「段取り」「失敗学」』（OJT ソリューションズ編著、中経出版）

『MBA 生産性をあげる 100 の基本』（グロービス著、東洋経済新報社）

Chapter1

『意思決定のための「分析の技術」——最大の経営成果をあげる問題発見・解決の思考法』（後正武著、ダイヤモンド社）

『見える化——強い企業をつくる「見える」仕組み』（遠藤功著、東洋経済新報社）

『現場力を鍛える——「強い現場」をつくる 7 つの条件』（遠藤功著、東洋経済新報社）

『正しい意思決定のための「分析」の基礎技術』（グロービス著、PHP 研究所）

『定量分析の教科書——ビジネス数字力養成講座』（グロービス著、東洋経済新報社）

『誰もが嘘をついている——ビッグデータ分析が暴く人間のヤバい本性』（セス・スティーヴンズ＝ダヴィドウィッツ著、光文社）

Chapter2

『コンサルを超える——問題解決と価値創造の全技法』（名和高司著、ディスカヴァー・トゥエンティワン）

『ここからはじめる実践マーケティング入門』（グロービス著、ディスカヴァー・トゥエンティワン）

『問題解決プロフェッショナル』（齋藤嘉則著、ダイヤモンド社）

『確率思考の戦略論　USJ でも実証された数学マーケティングの力』（森岡毅、今西聖貴著、KADOKAWA／角川書店）

『小倉昌男　経営学』（小倉昌男著、日経 BP 社）

『サービスを制するものはビジネスを制する』（グロービス経営大学院著、東洋経済新報社）

Chapter3

『HIGH OUTPUT MANAGEMENT（ハイアウトプット マネジメント）人を育て、成果を最大にするマネジメント』（アンディ・グローブ、ベン・ホロウィッツ著、日経 BP 社）

「EMC2：Delivering Customer Centricity」Harvard Business School Case

『SPRINT 最速仕事術——あらゆる仕事がうまくいく最も合理的な方法』（ジェイク・ナップ、ジョン・ゼラツキー、ブレイデン・コウィッツ著、ダイヤモンド社）

『社内を動かす力』（グロービス著、ダイヤモンド社）

Chapter4

『水平思考の世界』（エドワード・デボノ著、きこ書房）

『発想法の使い方』（加藤昌治著、日本経済新聞出版社）

『[新版] ブルー・オーシャン戦略──競争のない世界を創造する』（W・チャン・キム、レネ・モボルニュ著、ダイヤモンド社）

『世界で 800 万人が実践！考える力の育て方──ものごとを論理的にとらえ、目標達成できる子になる』（飛田基著、ダイヤモンド社）

Chapter5

『一勝九敗』（柳井正著、新潮社）

「ユニクロ 2000」グロービスケース

『知識創造企業』（野中郁次郎、竹内弘高著、東洋経済新報社）

『創造と変革の技法──イノベーションを生み続ける 5 つの原則』（堀義人著、東洋経済新報社）

『修身教授録』（森信三著、致知出版社）

『[実況] アカウンティング教室』（グロービス著、PHP 研究所）

『プロテスタンティズムの倫理と資本主義の精神』（マックス・ウェーバー著、日経 BP 社）

『「空気」の研究』（山本七平著、文藝春秋）

『失敗の本質──日本軍の組織論的研究』（戸部良一、寺本義也、鎌田伸一、杉之尾孝生、村井友秀、野中郁次郎著、中央公論社）

Chapter6

『グロービス MBA 事業開発マネジメント』（グロービス経営大学院編著、ダイヤモンド社）

『予定通り進まないプロジェクトの進め方』（前田考歩、後藤洋平著、宣伝会議）

『ビジネススクールで教えている　武器としての IT スキル』（グロービス経営大学院著、東洋経済新報社）

『リーダーシップ論──いま何をすべきか』（ジョン・P・コッター著、ダイヤモンド社）

Chapter7

『イノベーションのジレンマ──技術革新が巨大企業を滅ぼすとき』（クレイトン・クリステンセン、翔泳社）

『法人営業　利益の法則』（グロービス著、ダイヤモンド社）

『新版グロービス MBA 経営戦略』（グロービス経営大学院編著、ダイヤモンド社）

Chapter8

『失敗のメカニズム──忘れ物から巨大事故まで』（芳賀繁著、角川書店）

『ザ・ゴール──企業の究極の目的とは何か』（エリヤフ・ゴールドラット著、ダイヤモンド社）

『クリティカルチェーン──なぜ、プロジェクトは予定どおりに進まないのか？』（エリヤフ・ゴールドラット著、ダイヤモンド社）

『マネジメント改革の工程表』（岸良裕司著、中経出版）

Chapter9

『完訳 7つの習慣——人格主義の回復』（スティーブン・R・コヴィー著、キングベアー出版）

『グロービスMBAで教えている 交渉術の基本——7つのストーリーで学ぶ世界標準のスキル』
　　（グロービス著、ダイヤモンド社）

『人を動かす　新装版』（デール・カーネギー著、創元社）

『異文化理解力』（エリン・メイヤー著、英治出版）

Chapter10

『Learn Better——頭の使い方が変わり、学びが深まる6つのステップ』
（アーリック・ボーザー著、英治出版）

『モチベーション 3.0——持続する「やる気！」をいかに引き出すか』（ダニエル・ピンク著、
　　講談社）

『組織行動のマネジメント——入門から実践へ』（スティーブン・P・ロビンス著、ダイヤモンド社）

Chapter11

『最強組織の法則——新時代のチームワークとは何か』（ピーター・M・センゲ著、徳間書店）

『学習する組織——システム思考で未来を創造する』（ピーター・M・センゲ著、英治出版）

『世界はシステムで動く——いま起きていることの本質をつかむ考え方』（ドネラ・H・メドウズ
　　著、英治出版）

「[入門] 複雑系のマネジメント」（ギョクセ・サルガト、リタ・ギュンター・マグレイス著、ダ
　　イヤモンド・ハーバード・ビジネス・レビュー、2012年1月号）

『最難関のリーダーシップ——変革をやり遂げる意志とスキル』（ロナルド・A・ハイフェッツ、
　　マーティ・リンスキー、アレクサンダー・グラショウ著、英治出版）

『プロセス・コンサルテーション——援助関係を築くこと』（エドガー・H・シャイン著、白桃書房）

『謙虚なコンサルティング——クライアントにとって「本当の支援」とは何か』（エドガー・H・
　　シャイン著、英治出版）

『サイロ・エフェクト——高度専門化社会の罠』（ジリアン・テット著、文藝春秋）

『ヤバい経済学 [増補改訂版]』（スティーヴン・D・レヴィット、スティーヴン・J・ダブナー
　　著、東洋経済新報社）

『超ヤバい経済学 [増補改訂版]』（スティーヴン・D・レヴィット、スティーヴン・J・ダブナー
　　著、東洋経済新報社）

『新しい経済の仕組み「お金」っていま何が起きてる？』（マネー・リサーチ・クラブ編、青春
　　出版社）

『MBA ゲーム理論』（グロービス・マネジメント・インスティテュート編、ダイヤモンド社）

『世界の一流企業は「ゲーム理論」で決めている——ビジネスパーソンのための戦略思考の
　　教科書』（デビッド・マクアダムス著、ダイヤモンド社）

『戦略的思考とは何か——エール大学式「ゲーム理論」の発想法』（アビナッシュ・ディキシッ
　　ト、バリー・ネイルバフ著、CCC メディアハウス）

『エール大学式4つの思考道具箱』（バリー・ネイルバフ、イアン・エアーズ著、阪急コミュニケー
　　ションズ）

『ヤル気の科学——行動経済学が教える成功の秘訣』（イアン・エアーズ著、文藝春秋）

［著者紹介］

グロービス

1992年の設立来、「経営に関する『ヒト』『カネ』『チエ』の生態系を創り、社会の創造と変革を行う」ことをビジョンに掲げ、各種事業を展開している。

グロービスには以下の事業がある。(http://www.globis.co.jp)
- グロービス経営大学院
  - ・日本語（東京、大阪、名古屋、仙台、福岡、オンライン）
  - ・英語（東京、オンライン）
- グロービス・マネジメント・スクール
- グロービス・コーポレート・エデュケーション
  （法人向け人材育成サービス／日本・上海・シンガポール・タイ）
- グロービス・キャピタル・パートナーズ（ベンチャーキャピタル事業）
- グロービス出版（出版／電子出版事業）
- GLOBIS知見録／GLOBIS Insights（オウンドメディア、スマホアプリ）

その他の事業：
- 一般社団法人G1（カンファレンス運営）
- 一般財団法人KIBOW（震災復興支援活動、社会的インパクト投資）
- 株式会社茨城ロボッツ・スポーツエンターテインメント（プロバスケットボールチーム運営）

［執筆者紹介］

嶋田 毅 (しまだ・つよし)

グロービス出版局長、グロービス電子出版編集長兼発行人、『GLOBIS 知見録』編集顧問、グロービス経営大学院教授。

東京大学理学部卒業、同大学院理学系研究科修士課程修了。戦略系コンサルティングファーム、外資系メーカーを経てグロービスに入社。著書に『MBA 生産性をあげる 100 の基本』『MBA 100 の基本』『利益思考』（以上、東洋経済新報社）、『グロービス MBA キーワード 図解 基本ビジネス思考法 45』『グロービス MBA キーワード 図解 基本ビジネス分析ツール 50』『グロービス MBA キーワード 図解 ビジネスの基礎知識 50』『グロービス MBA キーワード 図解 基本フレームワーク 50』『グロービス MBA ビジネス・ライティング』『ビジネス仮説力の磨き方』（以上、ダイヤモンド社）、『正しい意思決定のための「分析」の基礎技術』『ビジネスで騙されないための論理思考』『競争優位としての経営理念』『［実況］ロジカルシンキング教室』『［実況］アカウンティング教室』（以上、PHP 研究所）、『ロジカルシンキングの落とし穴』『バイアス』『KSFとは』（以上、グロービス電子出版）。その他にも多数の共著書、共訳書がある。

MBA 問題解決100の基本

2018 年 12 月 27 日発行

著　者——グロービス
執筆者——嶋田　毅
発行者——駒橋憲一
発行所——東洋経済新報社
　　　　　〒103-8345　東京都中央区日本橋本石町 1-2-1
　　　　　電話＝東洋経済コールセンター　03(5605)7021
　　　　　https://toyokeizai.net/

装　丁………………遠藤陽一（ワークショップジン）
本文デザイン・DTP……高橋明香（おかっぱ製作所）
印　刷………………東港出版印刷
製　本………………積信堂
編集担当……………齋藤宏軌